幼儿园
幼小衔接实践研究

张月柱　　王淑娟　　白云◎主编

中国出版集团有限公司

世界图书出版公司

北京　广州　上海　西安

图书在版编目（CIP）数据

幼儿园幼小衔接实践研究 / 张月柱，王淑娟，白云
主编. — 北京：世界图书出版有限公司北京分公司，
2024. 12. — ISBN 978-7-5232 -2018 -4

Ⅰ. G612

中国国家版本馆 CIP 数据核字第 2025KB7548 号

书　　名	幼儿园幼小衔接实践研究
	YOUERYUAN YOUXIAO XIANJIE SHIJIAN YANJIU

主　　编	张月柱　王淑娟　白　云
总 策 划	吴　迪
责任编辑	刘梦娜
特约编辑	付春艳

出版发行	世界图书出版有限公司北京分公司
地　　址	北京市东城区朝内大街 137 号
邮　　编	100010
电　　话	010-64033507（总编室）　　0431-80787855　13894825720（售后）
网　　址	http://www.wpcbj.com.cn
邮　　箱	wpcbjst@vip.163.com
销　　售	新华书店及各大平台
印　　刷	长春市印尚印务有限公司
开　　本	787 mm×1092 mm　1/16
印　　张	16
字　　数	230 千字
版　　次	2024 年 12 月第 1 版
印　　次	2024 年 12 月第 1 次印刷
国际书号	ISBN 978-7-5232 -2018 -4
定　　价	45.00 元

编委会

前言

　　幼小衔接是幼儿园和小学相互呼应的过程，科学实施幼小衔接，既是实现基础教育高质量发展的关键要素，也是影响儿童终身可持续发展的重要环节。对于幼儿园来说，如何科学地实施幼小衔接？怎样有效克服"小学化"倾向？怎样将幼小衔接教育融入幼儿园一日生活和课程？幼儿园和小学怎样形成长效联动机制？如何实现家园同步共育？长期以来，这些问题一直都是幼小衔接工作的痛点和难点。

　　2021年，教育部印发《关于大力推进幼儿园与小学科学衔接的指导意见》，为幼小衔接工作指明了方向，使其在落实过程中有了指南和依据。在文件的指引下我市将幼小衔接教育作为育人的奠基之举，深入探索幼小衔接的有效方法与途径，不断积累经验，凝练成果，初步形成了儿童为本、双向衔接、统筹推进、协同发展的幼小衔接工作格局。

　　编写本书的目的是将近年来区域及园所的幼小衔接实践经验进行梳理、宣传和推广，希望能够为广大一线教师提供可借鉴、可参考的实践范式，进而激发教师们在实践中生成更多的教育智慧。

本书共分两篇，即理论篇与实践篇，每篇包含不同内容的话题，每个话题里面详细划分了实践探索、典型经验、优秀案例等版块，由面到点逐步聚焦、一一呈现，文中还穿插了照片和视频，使读者能够思路清晰、生动直观、高效地阅读本书。

由于此书篇幅有限，还有很多好的经验与成果没能纳入其中，望谅解。书中如有不当之处，敬请读者批评指正。

"知之愈明，则行之愈笃；行之愈笃，则知之益明。"幼小衔接教育还有很多问题等待我们去研究和解决，未来我们将继续努力，在夯基垒台中积厚成势，在知与行的路上不断突破和成长。

CONTENT 目录

理论篇
——科学认识幼小衔接

话题一
当前幼小衔接教育面临的挑战

当前幼小衔接教育存在的问题主要可以归纳为观念、政策和组织建设三方面的症结。以下是对这些问题的详细分析，希望能够为我们改进和完善幼小衔接教育提供一定的参考和借鉴。

一、社会层面对"幼小衔接"科学认知不足

观念落后是当前幼小衔接教育面临的首要问题。在很多家长和教师心中，幼小衔接教育主要是为了让孩子们顺利适应小学的学习和生活环境，而忽略了孩子们自身兴趣和个性发展的需求。这种片面的观念导致了很多幼小衔接教育活动的设计和实施都过于功利化，缺乏对孩子们全面素质教育的关注。因此，我们需要引导家长和教师树立正确的幼小衔接教育观念，注重孩子们兴趣的培养和个性的发展，让幼小衔接阶段真正成为孩子们快乐成长的时光。

（一）家长对儿童可持续发展价值的认识不足

家长常常以一种线性时间的观念来看待孩子的成长过程，他们希望通过这种方式来加快孩子的成长速度，却忽视了孩子童年这段宝贵时光所特有的经历和内在的成长潜力。在早期成长过程中，儿童对成年人的依赖往往被误解为"缺乏独立能力"，这种观念导致家长在孩子的幼小衔接阶段过分强调知识的衔接，

而忽略了孩子在这个阶段应有的独特体验和成长需求。

这种错误的观念导致家长对孩子的成长抱有一种急功近利的心态，他们将"童年的幸福"与"知识技能的培养"视为相互对立的关系，忽视了孩子在这个阶段应有的内在成长动力和独特体验。这种加速成熟的观念不仅剥夺了孩子的童年，还可能对他们的心理和社会发展产生负面影响。家长应该明白，孩子的成长是一个复杂的过程，其中包括知识的积累、技能的培养，更包括情感的丰富、个性的发展和社交能力的提升。而这些都是孩子内在成长动力的重要组成部分。因此，家长在关注孩子知识学习的同时，更应该关注孩子的全面发展，尊重孩子的成长规律，给予孩子足够的关爱和支持，让孩子在快乐的氛围中健康成长。

（二）家长对相关政策精神的理解和认可不足

家长对于幼小衔接政策的理解和认可存在明显的不足，这反映在他们在实际操作中展现出了一种矛盾且复杂的心态。举例来说，许多家长依旧坚持或者有意规划让孩子在进入小学之前接受一定程度的知识教育。即便在"双减"（减轻学生作业负担和校外培训负担）政策已经推广并实施的情况下，仍旧有相当一部分家长对此政策的成效持保留意见，他们对孩子学习能力的潜在下滑感到焦虑和不安。

家长对政策的理解存在误解，这直接影响了他们在实际操作中贯彻执行科学的幼小衔接教育理念。这样的误解可能会导致几个方面的问题：首先，增加了孩子们的学业负担，本应在童年享受无忧无虑时光的孩子们不得不承受更多的学习压力；其次，这种行为可能会加剧家长、学校以及幼儿园之间的矛盾，影响三方之间的和谐与合作，从而对幼小衔接教育的顺利实施构成阻碍。因此，有必要加强对家长的教育引导，提高他们对幼小衔接政策的认识和理解，以便更好地推动此项政策的执行，为孩子们的成长和发展创造一个良好的环境。

二、政策的制定与实施有待完善

缺乏完善的政策是当前幼小衔接教育存在的另一个重要问题。虽然我国政府已经出台了一系列政策来推动幼小衔接教育的发展，但在实际执行过程中，这些政策往往过于笼统和抽象，缺乏具体的操作指南和评估标准。这导致了很多地方和学校在开展幼小衔接教育时缺乏明确的方向和目标，同时也难以对教育效果进行科学评估。因此，我们需要进一步完善幼小衔接教育的政策体系，提供更加具体和可操作的指导，以便各地和各学校能够更加有效地推进幼小衔接教育的实施。

（一）顶层设计与实际落实缺乏有效呼应

政策文本往往主要由一系列措施性的指导意见构成，它们缺少具体的配套政策来支持其实施，这一现象常常使得实践活动遭遇难以克服的困难。以政策文本中的一项提议为例，文本中建议建立一个联合教研机制，然而在具体的实施过程中，却面临着缺乏明确的组织架构、有效的运转机制、严格的监督体系、科学的评价标准以及必要的资金投入等多方面的问题，这些问题的存在使得政策建议难以得到有效的落实。

进一步分析可以发现，这种政策顶层设计与实际操作之间的明显脱节，是导致政策在基层难以得到有效执行的重要原因。由于缺乏具体操作层面的指南和资源上的支持，无论是幼儿园还是小学，在执行政策的过程中都面临着"巧妇难为无米之炊"的尴尬局面，使其无法建立起有效的衔接机制，从而影响了教育政策的实施效果。这种现象不仅阻碍了教育政策的落地生效，也影响了教育质量的提升，对孩子们的成长和发展产生了不利影响。因此，解决这一问题，制定出与政策文本相配套的详细实施指南和提供必要的资源支持，已成为当务之急。

（二）政策制定过程中缺乏对个体经验的关注

在政策的制定与落实过程中，往往忽视了对家长和儿童个体经验的充分关注,这一问题使得政策在实施过程中难以达到预期效果。以关注儿童的声音为例,尽管政策文本中屡次强调这一点,但在具体操作层面,如何真正关注并理解儿童的声音,如何准确捕捉和响应儿童的感受与需求,实际上并没有得到明确的解答。

在政策的执行过程中,这种对个体经验的忽视表现得尤为明显。在政策推行中,家长和儿童感受到的支持和关怀远远不够,这无疑会削弱政策的实施效果。长此以往,这种不足可能导致家长对政策产生怀疑甚至出现抵触情绪,从而在无形中影响政策的落地和实际成效。因此,政策制定者在出台相关政策时,必须充分考虑到家长和儿童这两个主体的实际体验和感受,以确保政策能够得到有效执行,真正惠及儿童和家长。

三、专业化培养体系乏力

组织建设难题是当前幼小衔接教育的又一大问题。在很多地方,幼小衔接教育的组织和实施仍然过于依赖学校和教师,缺乏社会力量的参与和支持。这导致了很多幼小衔接教育活动的内容和形式都过于单一,难以满足孩子们的多样化需求。因此,我们需要积极引导和鼓励社会力量参与到幼小衔接教育的组织和实施中来,通过多元化的合作模式,为孩子们提供更加丰富和全面的教育资源。

(一) 幼儿园与小学教师群体在专业培养与发展上支持不足

在当前的教师培养体系中,职前教师培养与职后专家培训之间存在着显著的差异。这种差异表现在幼小衔接相关的理论认识与实践能力在专业培养中的地位上,其往往处于被边缘化的地位。举例来说,学前教育专业与小学教育专业的课程体系、实践培养机制之间存在较大的差异,而幼小衔接相关的内容在专业培养中并没有得到足够的重视。这种现象的背后,存在着一些深层次的问题。教师作为幼小衔接的关键执行者,他们的专业能力和认知水平直接影响着政策的落实效果。然而，由于对职前教师培养和职后专家培训的支持不足，教师在实际教学中往往难以有效实施幼小衔接教育，这不仅影响了教育的质量，也影响了儿童的全面发展。

因此，我们需要对现行的教师培养体系进行改革，强化职前教师培养中幼小衔接相关的理论认识和实践能力的培养，同时，也要注重职后专家培训，提升教师的专业素养和教学能力。只有这样，才能确保教师在实际教学中，更好地实施幼小衔接教育，提升教育的质量，促进儿童的全面发展。

（二）组织教研工作的主体专业能力有待提升

在当前我国教育改革与发展的进程中，幼小衔接作为重要的一环，其实践效果直接关系到基础教育质量的提升。然而，实践中教研员与教师专业能力的不足，已成为制约幼小衔接工作有效推进的关键因素。

具体来看，教研员在面对分阶段学科设置的现状时，往往在指导幼小衔接活动中显得力不从心。这是因为幼儿园与小学在教学目标、教学内容、教学方法等方面存在显著的差异，教研员在转换思维和指导实践时面临较大挑战。此外，教研员在协调各方利益、推动教育变革过程中，专业能力的不足也使得他们在解决实际问题时显得有心无力。

同时，幼小不同阶段的教师在教育教学观念、课程设置、教研方法等方面长期存在巨大差异，导致他们在实践中难以形成有效的合作与协同。幼儿园教师与小学教师在教育理念上的分歧，使得他们在教育实践中难以形成统一的行动力，进而影响幼小衔接教育的整体效果。

从更深层次来看，这种专业能力的不足源于长期的行政划分和专业隔阂。在行政体系中，教研员和教师分别属于不同的管理体系，导致他们在面对教育变革时，容易产生观念上的分歧和执行上的阻力。同时，专业隔阂使得他们在交流与合作中难以达成共识，进一步加剧了教育变革的难度。

因此，提升教研员和教师在幼小衔接实践中的专业能力，已成为我国教育改革与发展的当务之急。这需要从制度层面打破行政划分和专业隔阂，推动教研员与教师在教育教学观念、课程设置、教研方法等方面的深度融合。同时，通过培训和学术交流等途径，提高教研员和教师的专业素养，增强他们在幼小衔接实践中的指导能力。只有这样，才能确保教育变革在基层得到有效执行，从而推动我国基础教育质量的全面提升。

总的来说，当前幼小衔接教育存在的问题是多方面的，需要我们从多个层面进行深入的分析和思考，以期找到更加有效的解决办法，推动我国幼小衔接教育的健康发展。当前幼小衔接教育存在的问题主要集中在观念、政策和组织建设三个方面。包括家长对幼小衔接的科学认知不足，政策的制定与实施缺乏有效呼应和对个体经验的关注，教师和教研员的专业能力有待提升。这些问题共同影响了幼小衔接教育的质量和效果，亟须通过观念引导、政策完善和专业化培养体系的建设来解决。

参考文献

［1］杜威 . 民主主义与教育［M］. 王承绪，译 . 北京：人民教育出版社，1990：60.

［2］尤敏，陶志琼 . 论童年时间性的隐匿：基于儿童立场的反思［J］. 基础教育，2021，18（04）：12-20，31.

［3］苏婧，常宏，李一凡 . 幼小有效衔接 家长不必焦虑［N］. 中国教育报，2022-03-27（4）.

［4］龙宝新 . 论教师专业成长的实践逻辑［J］. 教育科学，2012，28（04）：41-46.

话题二
实施幼小衔接教育的必要性

　　实施幼小衔接教育的重要性与必要性，是一个多维度、多层次的问题，它既关乎国家教育政策的宏观需求，也关乎个体教育价值的微观实现。从政策需求的角度来看，幼小衔接是教育体系顺畅运行的关键一环，它有助于保障教育政策的连续性和一致性。在国家层面，通过幼小衔接的实施，可以更好地实现教育资源的合理配置，提升教育质量，为国家的未来发展培养更多优秀人才。

一、政策需求：推动我国基础教育实现高质量发展的重要契机

　　这一需求源自我国社会对教育公平和质量的广泛关注，同时也是基于我国教育发展现状和未来趋势的必然选择。基础教育是国民教育的基石，关系国家未来发展和民族素质提升。高质量发展意味着要实现教育资源的合理配置，推动教育公平，让每个孩子都能享受到优质的教育资源和服务。这需要政策的支持和引导，通过制定和实施一系列有利于基础教育发展的政策，激发教育活力，提升教育质量。

（一）符合国家教育政策的要求

　　近些年，我国政府对于幼儿园和小学之间的衔接问题给予了极高的关注度，认为这是关系到一个孩子健康成长和未来学习的重要环节。为此，教育部颁布

了多个政策文件，如《关于大力推进幼儿园与小学科学衔接的指导意见》以及《义务教育课程方案和课程标准（2022年版）》。这些政策文件中明确提出了需要强化幼小衔接工作，以促进幼儿园和小学教育阶段的顺畅过渡，确保教育体系内部的有机联系和协调发展。

这些政策文件的背后，是我国对于基础教育质量提升的坚定决心和明确目标。政策制定的初衷，不仅仅是为了改善教育流程，更是为了从根本上提高教育质量，确保每个孩子都能在连续的、系统的教育环境中成长。实施幼小衔接策略，被视为达成这一宏伟目标的关键步骤之一。这不仅有助于构建一个科学、完善的教育体系，更在于通过这一举措，保障教育公平和教育质量的双重目标得以同步实现。我们希望通过这些政策的推行，让每个孩子都能享受到无缝衔接的教育体验，为他们的未来学习和人生发展打下坚实的基础。

（二）解决教育发展不平衡不充分的问题

我国现阶段社会的主要矛盾已经转化为人民日益增长的美好生活需要与不平衡不充分的发展之间的矛盾。这个矛盾在基础教育阶段表现得尤为明显，其中存在的问题如学段之间衔接不畅、教育资源分配不均等，严重影响了基础教育的质量。

为了解决这些问题，实施幼小有效衔接显得尤为重要。通过幼小衔接，可以有效地缓解学段之间衔接不畅的问题，使得幼儿园和小学之间的过渡更加自然顺畅。同时，这也有助于优化教育资源的分配，使得教育资源能够更加合理地分布在各个学段，从而提高教育的整体质量。

此外，实施幼小科学衔接还有助于推动我国基础教育向着更协调、可持续、全面、平衡的方向发展。通过幼小衔接，可以使基础教育的发展质量更高，从而更好地满足人民群众对于美好生活的需要。总的来说，实施幼小衔接政策是解决我国基础教育阶段存在的问题的有效手段，也是推动我国基础教育高质量发展的重要举措。

二、教育价值：促进儿童全面发展的关键环节

从教育价值的角度来看，幼小衔接对于儿童的个人成长至关重要。它不仅能帮助儿童顺利完成从幼儿园到小学的过渡，而且有助于培养儿童适应新环境的能力，激发他们对学习的兴趣，培养他们良好的学习习惯和社交能力，为他们未来的学习生活打下坚实的基础。

（一）保障儿童的身心健康

幼儿园和小学阶段是孩子们成长道路上的一个重要分水岭，孩子们在这个时期的身心发展呈现出连续性和阶段性的特点。在这个关键阶段，幼小衔接的作用不可小觑，它能够保障儿童在这一重要时期的身心健康，协助他们顺利地从幼儿园过渡到小学生活。通过幼小衔接，孩子们能够在新的学习环境中找到属于自己的位置，为未来的成长打下坚实的基础。

科学地进行幼小衔接，对孩子们的成长具有深远的教育价值。它不仅能减轻孩子们在入学初期的焦虑和不适，还能增强他们的学习兴趣和积极性。在幼小衔接的帮助下，孩子们能够更好地适应新的学习环境，从而促进他们的身心健康发展。此外，通过科学的幼小衔接，孩子们还能够培养良好的学习习惯和自主学习能力，为未来的学习生涯奠定坚实的基础。

（二）培养儿童的学习品质和习惯

幼小衔接的重要性不仅体现在对知识的平稳过渡上，更体现在对儿童学习品质和习惯的系统培养上。这种衔接并不仅仅局限于知识，更重要的是通过科学、系统的教育方法，逐步引导和培养儿童形成一系列好的学习习惯和品质。这包括但不限于培养孩子们的专注力，激发他们的探究精神，增强他们的合作意识等。

科学的幼儿衔接，能够使孩子们在进入小学之前，就建立起一套适合自己

的学习模式，从而更好地适应小学生活。这些学习品质和习惯的养成，对孩子们的长期学习和发展有着深远的影响。它们就像是孩子们未来学业成功的基石，使他们在未来的学习道路上更加稳健、自信。

三、国际趋势：适应全球教育发展的需要

许多教育发达国家和地区都已经将幼小衔接作为教育改革的重要内容。通过早期教育与小学教育的有效衔接，这些国家成功地提高了学生的综合素质，增强了教育体系的竞争力。我国在参考和借鉴这些国际经验的同时，也应结合自身国情，探索符合中国特色的幼小衔接之路。

（一）符合国际教育改革的趋势

在全球化的教育视野中，联合国教科文组织在 2021 年发布的权威报告《一起重新构想我们的未来：为教育打造新的社会契约》中明确指出，对于任何一个国家或地区而言，提供优质的幼儿教育是社会发展不可或缺的基石，更应成为每个社会的首要任务和高优先级事项。报告强调了全球教育领域所面临的重要变革的必要性，认为只有通过深度的教育创新与改革，才能确保为下一代构筑一个更加和谐、公正且富有成效的未来。

与此同时，在国际层面上，经济合作与发展组织（OECD）成员国在幼小衔接领域已积累了大量的成功经验和优秀案例。这些国家不仅在班级结构设计、教育内容和方法的创新上取得了显著成果，还在教师间的合作机制、政府政策的制定与实施等方面展现了卓越的治理能力。这些经验为我国在幼儿园与小学教育衔接方面的探索和实践提供了宝贵借鉴。通过研究 OECD 国家的实践，我们可以洞察到构建幼小衔接有效体系的关键要素，包括加强教师培训、优化课程设计、促进教育资源的均衡分配以及建立健全评估机制等。这些成功模式和做法都值得我们深入分析，并结合我国的实际情况进行本土化的创新与转化，以期推动我国幼儿教育质量的提升，确保儿童在人生的起跑线上获得更加公平

和优质的教育机会。

（二）提升国际竞争力

在全球化的浪潮中，一个国家教育质量的提高是与其国际竞争力息息相关的重要因素。当我们深入实施幼小衔接的策略时，我们实际上是为我国基础教育质量的整体提升打下坚实的基础。这样的策略有助于培育出既具有深远国际视野又能在全球舞台上展现竞争力的未来一代。通过这样的方式，我们不仅能够确保我国在全球教育领域中的地位，更能在国际舞台上发挥出我国教育的独特魅力，从而有效提升我国教育的国际影响力和竞争力。

同时，在科学幼小衔接教育的基础上，我们还能进一步推动国际教育的合作与交流。这种跨国的教育合作不仅能够促进教育理念、方法和资源的共享，更能够加速我国教育体系与国际教育体系的接轨进程。这样的进步有助于在全球教育领域中树立我国的良好形象，同时也能让世界更加了解和认可我国的教育体系，从而为我国在国际教育舞台上争取更多的话语权和影响力。总的来说，幼小衔接的实施不仅对我国基础教育的发展有着重要意义，更对提升我国教育的国际地位具有深远的影响。

四、可持续发展：推动教育变革的长远目标

从可持续发展的角度来看，实施幼小衔接教育是推动教育长期发展的需要。通过幼小衔接，可以减少儿童在教育转换过程中的困惑和挫败感，减少教育不平等现象，促进教育公平。这对于建设和谐社会、实现社会主义现代化建设具有深远的影响。

（一）实现教育的可持续发展

教育变革是一个持续不断且连绵不绝的过程，它不是一蹴而就的短期行为，而是一个需要长期坚持和不断完善的长期事业。在这个过程中，幼小衔接教育作为教育变革的重要组成部分，其地位和作用至关重要，因此，我们需要不断

地推进幼小衔接教育的改革和发展，使其不断完善和进步。

通过科学的幼小衔接教育，我们可以实现教育资源的合理配置和优化利用，从而提高教育的质量和效益。同时，科学的幼小衔接教育还能够促进教育的可持续发展，使教育体系更加健康、稳定和持久。此外，科学的幼小衔接教育还能够推动教育体系的不断创新和进步，使其更好地适应社会和经济发展的需要。因此，我们应该将可持续发展目标作为幼小衔接教育的重要指导原则，努力实现教育的可持续发展。

（二）培养具备可持续发展能力的儿童

幼小衔接教育的核心理念是不仅关注当前的教育效果，更注重儿童的长期发展。通过科学的衔接教育策略，我们能够系统地培养儿童的创新能力、批判性思维以及社会责任感，这些对于他们成长为具备可持续发展能力的未来公民至关重要。这样的教育模式旨在为儿童打下坚实的基础，使他们能够在未来的学习和生活道路上不断进步，持续发展。

在社会快速发展的今天，具备可持续发展能力的儿童成为社会进步的重要力量。通过实施有效的幼小衔接教育，我们能够为社会培养出更多具有创新精神和社会责任感的人才。这些人才不仅能够在各自的领域中取得成就，更能够为社会的长远发展贡献自己的力量，推动社会向更加繁荣和可持续的方向前进。因此，幼小衔接教育不仅仅是儿童个人发展的需要，更是社会发展的需要，它连接着儿童的未来和人类的未来。

实施幼小衔接教育的重要性与必要性体现在政策需求、教育价值、国际趋势和可持续发展等多个方面。通过科学的幼小衔接教育，可以促进基础教育高质量发展，保障儿童的身心健康，培养儿童的学习品质和习惯，适应全球教育发展的需要，实现教育的可持续发展，培养具备可持续发展能力的未来公民。因此，实施幼小衔接教育不仅是教育变革的需要，更是社会发展的必然要求。

参考文献

［1］教育部关于大力推进幼儿园与小学科学衔接的指导意见［EB/ OL］.（2021–03 –31）［2021–04 –05］.http://www.moe.gov.cn/srcsite/A06/s3327/202104/t20210408_525137.html.

［2］中国常驻联合国教科文组织代表团.联合国教科文组织发布全球性报告：共同重新构想我们的未来［N］.中国教育报，2021–11–11（9）.

［3］OECD. Starting Strong Ⅴ：transitions from early childhood education and care to primary education［M］. Paris：OECD Publishing，2017：19.

［4］柳海民，邹红军.高质量：中国基础教育发展路向的时代转换［J］.教育研究，2021，42（04）：11–24.

话题三
幼小衔接教育应遵循的原则

在实施幼小衔接教育时，我们需要遵循一系列原则，以确保教育的有效性和适宜性。这些原则应从政策导向、儿童发展、教育实践和社会协同等多个维度进行详细说明，以保障教育的全面性和连续性。

一、政策导向原则

幼小衔接教育应符合国家教育政策的相关规定，遵循教育部门的指导意见和标准，确保教育的方向和目标与国家的教育战略相一致。同时，教育部门应提供相应的政策支持，包括教育资源配置、教师培训和教学研究等方面的保障，以推动幼小衔接教育的健康发展。

（一）坚持政策导向，确保顶层设计

在我国，为了促进幼儿园和小学之间的顺畅过渡，政府已经制定并发布了一系列重要的政策文件。这些文件包括但不限于教育部《关于大力推进幼儿园与小学科学衔接的指导意见》《义务教育课程方案和课程标准（2022年版）》，以及其他相关政策和指导方针。这些政策文件共同构成了我国幼小衔接工作的政策框架，为幼小衔接工作提供了明确的方向和强有力的政策支持。

在实施幼小衔接教育时，我们必须严格遵循国家政策的各项规定，确保顶

层设计与实际操作能够有效结合。具体来说，政策的制定需要充分考虑幼小衔接的实际需求和可能遇到的问题，确保政策具有针对性和可操作性。同时，政策的实施也需要具体明确的措施，以确保政策能够得到有效执行。此外，我们还需要定期对政策执行情况进行评估，以便及时发现问题并进行调整，确保幼小衔接工作能够顺利进行。

（二）注重政策的连续性和系统性

幼小衔接教育政策的制定与实施，需要保持其连续性，避免频繁的政策更迭，以确保教育改革的稳定性与持续性。这样的政策连续性，有助于形成一个良好的教育环境，让幼儿在过渡期能够更好地适应小学生活。同时，政策的制定和执行也需要具备系统性，全面覆盖教育的各个方面，如课程设置、教学方法、评价标准等，从而确保幼小衔接教育的全面推进。这种政策的系统性，有助于提升教育的整体质量，让幼儿在过渡期能够获得全面的发展。因此，幼小衔接教育政策的制定与实施，既要注重连续性，也要注重系统性，从而更好地推动幼小衔接教育的发展。

二、儿童发展原则

幼小衔接教育应充分考虑儿童的身体、认知、情感和社会性等方面的发展需求，以确保教育的适宜性和有效性。教育工作者应了解儿童的个体差异，尊重儿童的学习兴趣和个性特点，通过丰富多样的教育内容和教学方法，激发儿童的学习动力和潜能。

（一）尊重儿童的身心发展规律

儿童在幼儿园以及小学阶段，他们的身心发展呈现出一种连续性与阶段性交织的特点。在这个过程中，幼小衔接教育应当充分尊重儿童身心发展的自然规律，关注每一个孩子的个性化成长需求。教育工作者在设计教育内容和采用教育方法时，必须充分考虑到儿童的年龄特征以及他们的发展水平，坚决避免超前教育和拔苗助长的教育方式。我们要确保每一个儿童在健康、愉悦的氛围中茁壮成长，为他们未来的全面发展打下坚实的基础。

为了实现这一目标，教育工作者需要深入研究儿童的心理，了解他们在不同年龄阶段所面临的各种发展任务，以及他们所特有的认知、情感和社交需求。教育内容和方法应当贴近儿童的生活经验，既能够激发他们的学习兴趣，又能够有效促进他们的思维能力、社交技能以及自我管理能力的发展。

此外，我们还应当注重培养儿童的良好习惯和自主学习能力。通过设置合理的学习目标和富有挑战性的学习任务，引导儿童积极参与学习过程，培养他们的自主性和独立性。同时，教育工作者还应当关注儿童的情感需求，为他们提供一个充满关爱和支持的成长环境，让他们在遇到困难时能够得到及时的帮助和鼓励。

在这个过程中，家长和教育工作者的密切配合也至关重要。家长应当了解儿童在幼儿园和小学阶段的发展特点，积极参与到孩子的教育过程中来，与教育工作者共同为孩子的成长提供有力的支持。家庭与学校的有效合作，可以更好地促进儿童的全面发展，帮助他们顺利过渡到小学阶段，为他们未来的学习和生活打下坚实的基础。

（二）关注儿童的个体差异

每个孩子的身体和心理发展速度以及他们所展现出的特点都是千差万别的，因此在幼小衔接教育阶段，我们应该高度关注每个孩子的个体差异，尊重他们独特的个性。教育工作者应该采取因材施教的策略，根据每个孩子的个体差异来制定个性化的教育计划，以帮助他们在此基础上实现全面而充分的发展。

三、教育实践原则

幼小衔接教育应注重实践性和体验性，通过实际操作和亲身体验，帮助儿童夯实知识和技能。同时，应注重培养儿童的自主学习能力和合作精神，培养他们解决问题的能力和创新思维，为儿童的终身学习和发展奠定基础。

（一）强调教育的双向衔接

幼小衔接不仅仅是幼儿园向小学进行单向过渡的一个环节，它同时也涵盖了小学向幼儿园进行衔接的过程。因此，幼儿衔接的过程是一个双向衔接的过程。在这一过程中，小学应当深入了解幼儿园的教育内容和方法，以便更好地进行教育方式的过渡；而幼儿园，也应当充分了解小学的教育要求和标准，从而更好地为孩子们未来的学习生活做准备。为了实现这种双向衔接，可以通过联合教研、教师交流等多种方式，促进幼儿园和小学之间的沟通与协作，确保教育内容和方法能够实现无缝对接。这样一来，就可以让孩子们在从幼儿园向小学的过渡中，更加顺畅地适应新的学习环境，从而更好地完成他们的学业。

（二）注重教育的科学性和系统性

幼小衔接教育，作为一种重要的教育阶段，应当以科学的教育理论为指导，避免盲目跟风和简单模仿。这种教育应当是一种全面而系统的教育，不仅要关注学生的学业成绩，还要关注他们的身心发展、生活习惯、学习能力等多个方面。只有这样，才能确保教育的全面性和系统性，让每一个孩子都能得到最好的教育和引导。

（三）强调教育的游戏化和生活化

游戏活动，作为儿童成长道路上的重要组成部分，是其日常生活中的基本行为模式。在儿童的心智发展过程中，游戏不仅是一种娱乐方式，更是一种学习手段。它能够帮助儿童在愉悦的氛围中探索世界，学习新知，发展社交能力，以及培养情感和道德观念。因此，在幼小衔接阶段，应当高度重视游戏在儿童发展中的独特作用，并通过丰富多样的游戏活动，来积极推动儿童的身心健康成长。

在这个关键的教育过渡期，教育工作者应当认识到，教育不应局限于传统的课堂讲授和书本学习，而应更加注重与儿童日常生活紧密结合。这意味着，教育内容应当来源于生活，贴近儿童的实际体验，以此来提高儿童的学习兴趣，并帮助他们更好地理解和吸收知识。通过参与日常生活实践，儿童能够进行实际操作，亲身体验，这样的学习方式不仅能够让儿童在实践中掌握必要的知识和技能，而且能够培养他们的动手能力、解决问题的能力，以及独立思考的能力，从而促进儿童的全面发展。

综上所述，游戏在幼小衔接中扮演着至关重要的角色，而教育的实践性原则要求我们将其与儿童的生活紧密相连。通过这样的教育方式，我们能够为儿童提供一个有益于身心健康成长的环境，帮助他们更好地过渡到小学阶段的学习生活，为其未来的成长打下坚实的基础。

四、社会协同原则

幼小衔接教育需要家庭、学校和社会各方共同参与和协同推进。家庭是儿童成长的第一环境，家长应积极参与儿童的教育过程，关注儿童的学习和发展，为儿童提供良好的家庭氛围和支持。学校是儿童接受教育的主要场所，学校应创设良好的教育环境，提供优质的教育资源，以培养儿童的综合素质和创新能力。社会是儿童成长的大环境，社会各界应关注儿童的教育问题，提供相应的支持和帮助，为儿童的健康成长创造良好的条件。

（一）建立家园校协同机制

家园校协同合作在幼小衔接教育中起着举足轻重的作用。这种协同合作不仅需要幼儿园和小学的紧密配合，更离不开家庭的高度参与。只有当家庭、学校以及幼儿园三者形成一个有机的整体，共同为儿童的发展出力，才能确保幼小衔接教育的质量和效果。因此，建立起一个完善的家园校协同机制，是确保幼小衔接教育成功的关键所在。

在建立家园校协同机制时，我们应采取一些方法。首先，我们应当定期举办家长会，使家长能够及时了解学校、幼儿园的教育教学情况，同时也能让教师了解学生在家中的表现，以便于教师和家长共同探讨如何更好地引导学生。其次，通过开展家长课堂，为家长提供科学的教育方法，帮助他们更好地理解和引导孩子。此外，还可以通过组织亲子活动，让家长和孩子共同参与，增进家长与孩子之间的感情，同时也能让家长更好地了解孩子的性格和需求，从而更好地配合学校、幼儿园的教育教学工作。

（二）发挥社区和社会资源的作用

社区和社会资源在幼小衔接教育中扮演着不可或缺的角色，它们是对正式教育体系的有力补充。通过参与社区活动以及进行社会实践，儿童能够接触到更为丰富和多元的生活经验，这不仅有助于他们的社会化进程，而且对他们的全面发展也有着积极的影响。社区资源的利用，可以包括但不限于文化、教育、健康、娱乐等多种形式的资源，它们为儿童提供了接触社会、了解社会运行规则的窗口。

在实施幼小衔接教育时，应当充分利用社区和社会资源，开展多样化的教育活动。这些活动可以包括社区服务、社会实践、参观访问等，通过这些活动，儿童能够更好地理解社会结构、社会角色以及社会规范，这对于他们将来进入小学生活、学习，乃至今后的社会生活都有着极其重要的作用。通过这种方式，我们能够帮助儿童在认知、情感、行为等各个方面得到全面的提升，为他们未来的成长打下坚实的基础。

进行幼小衔接教育应遵循政策导向、儿童发展、教育实践和社会协同等原则。具体来说，应坚持政策导向，注重政策的连续性和系统性；尊重儿童的身心发展规律和个体差异；强调教育的双向衔接、科学性和系统性，注重教育的游戏化和生活化；建立家园校协同机制，发挥社区和社会资源的作用。通过遵循这些原则，可以有效促进幼小衔接教育的实施，保障儿童的健康成长和全面发展。

参考文献

［1］肖静．论课程改革中的教师自主：承责意识与问责体制的协调统一［J］．江苏高教，2018（06）：55-57.

［2］叶平枝，赵南．学前教育"小学化"的危害、原因及对策［J］.广州大学学报（社会科学版），2013，12（08）:70-74.

［3］教育部关于大力推进幼儿园与小学科学衔接的指导意见［EB/OL］.（2021-03-01）［2021-04-05］.http://www.moe.gov.cn/srcsite/A06/s3327/202104/t20210408_525137.html.

［4］周晶，郭力平．5~7岁儿童数学过程性能力构成要素探索与模型建构［J］.学前教育研究，2018（02）:12-24.

实践篇

——科学实施幼小衔接

话题四
入学准备教育实践研究

身心准备

实践探索

"幼"育美好，"衔"接成长

从幼儿园踏入小学，孩子们面临着一系列的变化，从环境到生活、从内容到时间等，都让他们的身心发展面临挑战。尤其是一些孩子在刚入学时不适应上学的节奏，做事情总是不及时，情绪不好，爱发脾气，不愿意去学校，体质不好，等等，这些都是由于幼儿缺乏身心准备而导致的。

根据《关于大力推进幼儿园与小学科学衔接的指导意见》（以下简称《意见》）和《推进幼儿园与小学科学衔接攻坚行动实施方案》等文件要求，将入学准备有机渗透于保教工作全过程，促进幼儿身心全面和谐发展，为入学做好基本素质准备，为终身发展奠定良好基础。科学做好幼小衔接，尤其是身心准备，有助于幼儿健康发展，建立对小学积极的向往和期待，更好地适应小学生活。

长春市南关区第三幼儿园本着"遵本循真，崇礼尚美"的办园理念，在推进"幼小衔接"的进程中，通过养成教育，培养出"穿好衣、走好路、吃好饭、睡好觉、锻好炼、听好课、读好书、做好人"的三园"小绅士小淑女"，致力于激发幼儿入园兴趣、培养幼儿积极的感知体验。《意见》指出应从"向往入学，情绪良好，喜欢运动，动作协调"四个方面为儿童做好身心准备。我园也紧紧围绕这四个方面协同共育，充分尊重儿童身心发展规律，将身心准备教育的相应内容融入游戏活动和一日生活，有计划地进行观察指导，支持儿童通过直接感知、实际操作和亲身体验等方式积累经验，帮助儿童全面做好入学的身心准备。

一、建立积极的期待，产生入学的向往

在日常生活中引导幼儿向往小学生活，激发幼儿产生上小学的愿望。有成为小学生的意愿，是儿童开启小学学习生活的内驱力，也是幼儿感知并探索的动力。

（一）期待成长，做好心理准备

在一日生活中促进儿童获得成长的自信心和成就感，建立积极的入学期待，是儿童身心发展中心理准备的重要内容。这种积极的体验，能够淡化

入学初期幼儿的心理焦虑。这一时期恰好也是幼儿心理发展的一个转折期。如何从"顺利连接"到"愉快接受"，对幼儿未来的发展非常重要。因此，在园里我们注重创设宽松自由的环境、平等尊重的师幼关系。根据季节更换园所、班级的环境和颜色，创设"自然、轻松、温馨、童趣"的教育氛围，让幼儿在这种轻松愉悦的环境中游戏、生活。多说一些欣赏与鼓励的话语，如："你真的长大了""你越来越像小学生了"等等，通过这种语言的鼓励，行为的表现会让孩子产生积极的心理期待，觉得上小学很光荣，很自豪。

传承中华文明，经典浸润童心。以"纯真稚子走泮桥，儒风雅韵育新苗"为主题的南关区第三幼儿园大班毕业典礼在长春市孔子文化园、长春市文庙博物馆已经成功举办了7届，孩子们怀着敬畏与好奇踏进了这个充满智慧与文化的殿堂。正衣冠、净手礼、过泮桥、敬孔礼、点朱砂、写仁人，懵懂的他们开始懂得什么是成长，什么是传承，什么是责任……

（二）了解小学，能够适应环境

幼儿园和小学是幼小衔接的共同体，帮助儿童及时了解小学的学习生活及环境设施，能够减少幼儿入学的陌生感。借助地理优势，每年我们都会带领大班幼儿走进十一高南溪学校，开展"我要上小学"的系列主题活动："探秘小学"，组织儿童到小学参观，使其了解、熟悉小学环境，认识教学区、生活区、活动区及各种设施、设备的功能。"小学课堂知多少"，引导儿童走进课堂，亲身体验小学生上课的情景。"你问我答"，倾听小学生讲述学校生活，了解并掌握一些学校的规范。推送"幼小衔接，我们在行动"主题报道："走进小学的哥哥姐姐篇""大班老师有话说篇""家长有话说篇""小学教师特辑"等，通过十一高南溪学校的小学教师、我园的大班教师、优秀毕业生和优秀毕业生家长的讲述，使小朋友们了解小学的生活，促进他们之间的互动交流，为日后的小学生活打好基础。同时师幼结合该主题选择开展部分延伸活动："说一说我的感受""搭建我心中的小学"，"自我整理书包"等，使儿童从环境、内容、形式等多方面认识小学。

　　为了让幼儿更好地适应不同环境，在园所内部，我们在大班打破班级界限，实施走班制。让大班的幼儿认识更多的小朋友和老师，而不再是只局限于自己的班级。这都是在逐步减小幼儿园与小学之间的"坡度"，让幼儿能根据环境条件的变化，积极、主动、有效地进行身心调整，消除因环境变化所导致的主体与环境失衡的现象，减轻心理压力与焦虑的同时，在新的环境中仍能保持稳定的情绪，愉快的心情，以便更好地适应新阶段的学习。

二、体验多样的情绪，建立正确的认知

良好的感受与认知是儿童形成安定、愉快情绪的基础，良好的情绪状态有助于儿童产生安全感和建立良好的人际关系。通过养成教育，我们把"情绪体验"贯彻在幼儿园三年教育的全过程中，小、中、大班根据幼儿身心特点进行分层培养，循序渐进，最后达到平稳衔接的效果。

（一）以活动为载体，培养意识品质

我们应提供丰富有趣的游戏和体验活动，引导儿童对一日生活感兴趣，并积极参与其中，从而获得快乐、满足、自豪、感激等情绪体验。

例如，我们以培养幼儿"有情怀、知感恩"为重点，开展父亲节、母亲节、重阳节等感恩教育。把爸爸、妈妈、老人们请到幼儿园，通过"献花""亲子游戏""水枪大战""拔河比赛"等形式多样的活动，让幼儿体会亲情，培养尊老、敬老、爱老的良好美德，在他们幼小的心灵里埋下爱的种子，让他们从小学会感恩，懂得孝道，树立社会责任心，拥有感恩之心。

每周一举行庄严、肃穆的升旗仪式，培养幼儿热爱祖国的情感。特别是国庆节特色升旗仪式中军人家长的刀旗队、家长妈妈的花束队，通过家长的参与、社区的配合，使整个升旗仪式更加庄严，将大大的爱国情怀在幼儿小小的心里埋下种子。每年一届的"丰收节"，通过"识粮食、知农事、做手工、奏欢歌"等形式，庆祝丰收。幼儿自主解说农作物，锻炼口语表达、进行社会交际。通过参观作物展览，培养幼儿守秩序、讲文明、会谦让的道德意识。一粥一饭，当思来之不易；半丝半缕，恒念物力维艰。在实践活动中，

培养幼儿珍惜劳动成果、节约朴素的良好品质。

（二）以美育为途径，丰富情感体验

我国著名美学家朱光潜先生曾说过："美感经验是人的情趣和物的姿态的往复回流。"本着对美的理解，我们通过这种多元感知帮助儿童正确认识各种情绪，喜欢用语言、动作等方式合理恰当地表达自己的情感，努力保持稳定的情绪状态。

每年的毕业文艺会演是孩子们成长收获的展示，更是对幼儿进行美育培养的一种途径。

　　为塑造幼儿勇敢、独立、自主、乐观的情绪体验，我园组织开展了"勇敢者之夜"实践活动。点燃篝火，载歌载舞。不仅能让幼儿感受围着火堆跳舞的喜悦心情，还能感受点燃篝火的喜悦瞬间。游戏比拼，合作共赢。有趣而又神秘的击鼓传球游戏、兴奋而又激烈的零食大作战游戏，让幼儿沉浸其中，乐趣满满。"三园电影院"，为宝贝们提供沉浸式的观影活动，以儿童视角为中心，从兴趣出发，带给宝贝们最真实的观影体验。通过实践、体验和感知进行本真教育，是"勇敢者之夜"的活动目的，更是一次大型的系统性、综合性、体验性的生活课程。

　　毕业季的"美食派对"活动也是孩子们翘首以盼的环节，自助餐、零食大作战，让孩子们感受不一样的用餐体验，在快乐中品尝美食、分享美食，培养了幼儿感受美、发现美的能力，更让其感受到浓浓的爱意和满满的仪式感。

　　我园教师从开园至今始终秉持着本真教育，以最朴素、最传统的手工方式，亲手为每一届宝贝制作大红花。鲜花朵朵，绽放在美丽的园所；阳光艳艳，映照着小朋友们的张张笑脸。"一朵大红花，一生师生情"，带着深深的祝福、满满的爱意和依依不舍，祝愿亲爱的宝贝们前程似锦，一路生花。

三、坚持适当的运动，促进协调的发展

《3~6岁儿童学习与发展指南》在健康领域中的首要位置，体现了其在幼儿成长过程中的重要性。发育良好的身体、强健的体魄是身体健康的重要标志，良好的运动习惯可以促进儿童的神经系统发育，有利于儿童增强体质，精力充沛地应对小学的学习和生活。

（一）激发兴趣，培养良好的运动习惯

我们提供尽可能多的运动机会，激发儿童对运动的兴趣，鼓励他们积极参加体育锻炼。科学合理地安排儿童的一日活动，每日户外活动时间保证2小时，其中体育活动时间不少于1小时。结合东北气候特点，打造"冰雪世界"系列室外活动。当冬季气温过低时，开展室内体能游戏。将体育锻炼与各种形式的活动相结合，设计有针对性的户外活动。在日复一日的坚持中使其逐渐养成爱运动的好习惯，同时为了培养幼儿健康的体魄，园所开展体能大循环和混龄游戏，根据幼儿不同的年龄阶段特点，每天有序、有效、有质地进行创设。创编的"武术操""篮球操""器械操"更是成为每天一遍的经典环节，在增强幼儿体魄的同时，将传统文化及爱国情怀播种在幼儿心底，培养幼儿坚持、顽强的体育精神。

（二）锻炼体能，使其具有一定的力量和耐力

引进吉林省唯一一套全面的户外体能设备，保障儿童进行走、跑、跳、翻、钻等活动需要。根据儿童运动能力发展特点和个体差异，打造一套专业的跑酷设备，采用情境化、趣味化的游戏活动，有意识地进行儿童的上下肢攀爬等力量训练；也可通过走线、走平衡木、蒙眼走路等方式发展儿童的平衡能力，提高其动作的协调性和灵活性。在活动中可视儿童运动的情况，随时改变跑酷设备的形状和功能，及时增加运动量和难度，帮助儿童获得身体素质和动作上的发展，鼓励儿童坚持锻炼。

（三）发展动作，促进肢体的协调性

教师在日常生活和游戏中注重幼儿精细动作的发展，重视区域活动和自主游戏的开发，定期投放自制玩具、教具并为儿童提供动手的机会，以此来促进儿童手部动作灵活发展，为入学后握笔写字提供能力基础。在自主游戏中提供画笔、剪刀、彩泥、胶棒以及种子、果壳、石子等工具和材料，引导儿童进行画、剪、折、撕等精细动作的练习。

每学期我园都会开展幼儿自理能力大赛。依据小、中、大班幼儿不同的发展特点，设计形式多样的趣味游戏，如小班的穿袜子、舀豆子；中班的剥橘子、剪纸；大班的整理书包、听故事、选择衣物等，都是为幼儿进入小学后尽快适应小学集体生活，做好适应能力、自理能力等方面的衔接。

进入小学后，许多时候孩子都要独立完成老师布置的力所能及的学习、劳动等任务，因此，从小班开始，我们就引导幼儿学会自己吃饭、穿衣、叠衣服，游戏结束后自己整理自己的玩具，坚持让幼儿自己的事情自己做。

这看起来简单，其实需要幼儿自己主动思考很多问题。如：这件东西放在哪里合适？还需要带什么东西？老师还有什么要求？一次次重复这样一个过程，可以发展幼儿的自理能力、思考能力及解决问题的能力，在解决问题的过程中，幼儿会想办法寻求教师或伙伴的帮助，也锻炼了幼儿的沟通能力、表达能力、社交能力及协作能力。

我园多年来一直将幼小衔接贯穿整个幼儿教育阶段，从小班开始逐步推进幼小衔接理念与措施的贯彻与实施，让幼小衔接落在实处。帮助幼儿安全无忧地完成人生转折的第一步，为他们的终身学习开启美好的开端。我们也始终坚持"生活即教育"，让教育回归生活，从生活中捕捉教育灵感，在教育中培养生活习惯，在不断的探索尝试中为幼儿铺砌走向小学的阶梯，让每一个幼儿真正科学地、有准备地快乐进入小学。

（长春市南关区第三幼儿园　许玲　孙诗瑶）

典型经验

基于幼儿情感体验的幼小衔接心理适应准备

小学，是孩子从幼儿园向前迈进的另一个阶段，是孩子成长中的一个转折点。结合教育部《关于大力推进幼儿园与小学科学衔接的指导意见》提出的身心准备发展目标：向往入学、情绪良好、喜欢运动、动作协调，本文以"我眼中的小学"主题活动为例，在"遵本寻真，崇礼尚美"的教育理念下，从幼儿的视角出发，去了解幼儿的想法、问题、担心，从而帮助幼儿做好积极的心理准备。让幼儿对小学生活充满向往，激发幼儿上小学的愿望，帮助幼儿从心理、生理等诸多方面实现两个不同学段的平稳过渡，减少幼儿对小学学习生活的压力和负面感受，为其长远发展打下良好基础。

一、构建幼小衔接情感的先提条件，保护并激发幼儿入学动机

（一）倾听幼儿想法，发挥主观能动性

《幼儿园教育指导纲要（试行）》中明确指出要"培养幼儿对生活中常见的简单标记和文字符号的兴趣"。倾听儿童真实的想法就是最好的课程资源。相对于成人视角，儿童视角下的课程资源更真实、更贴近生活，也更具有创生性，以平等的态度与孩子对话，更能走进孩子的内心世界。

在开展"我眼中的小学"主题活动过程中，幼儿将自己心目中的小学在画纸上画出来，通过自己的直接经验（晨谈中谈论我心中的小学、小学需要准备的用品等）进行认知建构（形成图式）和表达表征（想法的表达）。在这一过程中幼儿会产生"小学和幼儿园是一样的吗""我们去小学会跟谁一起玩儿"等相关心理活动，教师就可借助这些话题进行延伸，通过你来我往的问答，继而激发幼儿对小学生活的情感向往。同时教师会利用游戏、绘本故事，以生活教育为契机，用多种倾听的方式走进儿童的视角，了解幼儿对小学的真实想法，更好地观察、支持与回应幼儿。

对于大班幼儿来说，这些"饱含情绪"的创作里，包含了他们对小学环境的期待、同伴之间的交流、在教室里认真听课的向往等。逐步突出了身份的转变，触发了幼儿对小学生活的向往和期待，在充满兴趣的良好情绪状态下，让他们更加深入地思考和感受小学生活。

（二）合理创设与模拟环境，激发幼儿探索小学生活的心理愿望

教师创设适宜环境，帮助幼儿适应环境变化。在"我眼中的小学"主题活动中，可在班级区角中投放与小学相关的材料，如：白板、小板凳等。幼儿在进行角色扮演时，扮演"老师"的幼儿会主动模仿老师，"学生"与"老师"会有互动，这正是幼儿憧憬入学的真实反映，幼儿内在动机支配其行为，而这种由动机产生的入学愿望促使其完成幼小衔接的教育目标。

同时教师鼓励幼儿参与小学生的活动，如：班干部竞选、班会等，通过这些活动，锻炼了幼儿的胆量，培养了幼儿有担当的能力，提高了他们的服务意识以及责任感，并且在老师的帮助下进行班级的日常管理，在服务小朋友的同时也增强了他们的自信心！

二、构建幼小衔接情感层面，实现幼儿日常心理的平稳过渡

（一）为幼儿提供交往的环境与机会，树立良好的交往意识

良好的交往和合作能力有利于幼儿步入小学后结交新的朋友、认识新的老师，更好地适应小学的人际关系。在幼儿园阶段，通过母亲节、端午节、新年等节日举办的活动，无形中锻炼幼儿勇敢、乐于助人的品质。在"我眼中的小学"主题活动中，幼儿会发现我们在活动设置上，增添了混班游戏，以便幼儿扩大人际交往范围，建立新的人际关系。同时，在幼儿升入大班后，教师逐步放手让幼儿独立处理简单的问题，鼓励幼儿主动交朋友，和同伴友好相处。正是在与不同人交往的过程中，幼儿拥有了真实的生活经验，获得了人际交往的技能，对陌生环境、人群的适应性逐步提高，并能调节自己的交往能力。

（二）创建平等、真诚、和谐的师幼关系，培养幼儿良好的个性

在主题活动的背景下，要为幼儿创建平等、真诚、和谐的师幼关系。当幼儿成功、进步时，教师应及时给予表扬和鼓励；当幼儿遇到挫折时，教师应给予支持和安慰，让幼儿感受到老师对他们的关注和关爱；当幼儿有不当行为时，教师应引导他们主动反思，然后加以帮助和改正。这些不仅能促进幼儿人格的健全，还有利于培养幼儿正确的价值观。

三、构建幼小衔接情感的驱动层面，创设连续性高质量活动，形成正确的入学态度和情感

（一）通过参观小学，缓解幼儿不安情绪

在"我眼中的小学"主题活动中，以体验活动为切入点，目前从小班到大班，我们循序渐进地开展幼小衔接工作。为了帮助幼儿顺利融入小学，我们在幼儿园和小学之间建立合作关系，并为他们提供科学的入学准备和适应方案。我们走进十一高南溪学校，体验小学一日生活。如：参观校园内的操场、教室、图书馆、体育馆等；观摩一年级的哥哥姐姐的课堂学习氛围、升旗仪式、少先队活动、体育训练等；开展体验活动"与哥哥姐姐们交流"。通过幼儿自主探索，了解并体验小学生活，使其喜爱新的环境，缓解紧张焦虑不安的情绪，帮助幼儿在思想与情感上做好充分的入学准备。

（二）组织活动，激发幼儿上进心

在"我眼中的小学"主题活动中，我们通过游戏活动，给孩子们提供更多的体验机会，让他们能够更加深刻地理解、探索、学习，并从中得到宝贵的成长经验。

我们与十一高南溪学校联合举办了运动会，以此为"切入点"，开启校、园衔接"大动作"，初探幼小衔接学生活动的打开方式，为"幼小衔接趣味运动会"拉开序幕。当幼儿园的孩子们与小学生们共同出现在绿茵场时，他们携手并进、全力以赴、勇往直前，他们之间的友谊接力赛传递着续幼小协同、接合作之力的信心。此次运动会不仅让孩子们零距离地进入小学，和小学生们一起合作，感受团队拼搏的别样魅力，也让孩子们感受到了小学生活的丰富多彩，激发每个幼儿对早日踏入小学的期待和向往。

（三）通过互动、模仿等游戏活动，萌发当小学生的积极情感

在主题活动的背景下，老师们根据小学的"少先队员"活动，开展了适宜大班幼儿的"互帮互助"活动，在入园时到小班帮助弟弟妹妹穿脱衣物、整理物品，激发幼儿的责任感和独立生活的信心。在班级内选出小组长，评比哪个小组负责的区域最干净等，激发幼儿的集体荣誉感，使其学会奉献，在模拟体验的互动中，幼儿自主掌握小学的生活结构，形成正确的入学态度。

为使幼儿养成良好的时间观念，较快地适应小学的生活节奏，幼儿园将大班的集体教学活动时间由原来的 20 分钟调整至 30 分钟，增加了朗诵、阅读、看图讲述等活动。将"课间十分钟"融入幼儿一日作息，帮助幼儿建立时间与事件间的联系，使其更好地感知"课间十分钟"的长短，建立良好的时间观念，培养幼儿自我服务、自我管理的能力。

四、构建幼小衔接情感的巩固层面，保持入学的最佳心态

（一）多方协作，合作共赢

为科学做好进入小学前的准备，帮助幼儿全面、直接地了解小学生的学习生活，激发他们做小学生的强烈愿望，在"我眼中的小学"主题活动中，我们邀请了毕业生回园，与大班幼儿分享小学学习生活。毕业生们向大班小朋友们介绍小学的一日作息、课堂纪律、学习内容。随后向大班幼儿现场讲解演示如何整理书包，并邀请大班幼儿尝试背书包。通过此活动的开展，让幼儿多角度地了解小学生活，感受小学校园生活的无限魅力，激发他们对小学的期待和美好向往。

同时我们建构"多方共育"的协作模式，引领家长参与幼儿园的教育，建立合作、互补关系，实现家园校育人的"无缝衔接"。定期向家长推送了"美篇"文章："幼小衔接，我们在行动！—— 走进小学的哥哥姐姐篇、大班老师有话说篇、家长有话说篇"和"幼小衔接我们在行动！——小学教师特辑"。通过十一高南溪学校的小学教师、我园的大班教师和优秀毕业生家长讲述，消除家长的焦虑情绪，让他们更好地了解"幼小协同，科学衔接"的教育理念，并与幼儿园共同努力，促进幼儿的成长。引领家长由"儿童视角"转向"儿童的视角"，注重儿童真实发现和思考，关注常态的幼小活动开展，从不同时间段、不同角度听见和看见幼儿。实现儿童完整发展，为进入小学做好身心准备。

　　"幼小衔接"中的身心准备是一个循序渐进的过程，要与生活准备、社会准备和学习准备等方面有机融合，通过"我眼中的小学"主题活动，能更好地帮助幼儿科学、全面地做好入学准备，增强幼儿自信，快乐入学，为小学学习生活注入动力！主题活动的开展，让幼儿产生乐意成为小学生的情感，也获得了有关小学生活的经验，能看到幼儿在活动中积极主动、专注投入的自然状态。我们要时刻追寻幼儿的兴趣与需求，满足幼儿发展的一切可能性，让幼儿逐步过渡为一名真正的小学生。

（长春市南关区第三幼儿园　尹舵　杜佳纹）

优秀案例

探秘小学

一、活动实录

大班下学期是幼小衔接的关键时期。大班幼儿对小学生活充满好奇，一切有关"小学"的事，都成了他们的热门话题。我们开展了"参观小学"的活动，为顺利进入小学做好准备。孩子们眼中的小学是什么样子呢？针对这一问题，我们组织幼儿进行了自由讨论。

亲身体验，亲眼观察，是幼小衔接最直观生动的一堂课。带着对小学课堂的好奇和疑问，孩子们走进了小学的课堂，和哥哥姐姐同上一堂课，共读一本书。孩子们眼中充满了好奇和向往。此刻，他们仿佛已经成为小学生，在课堂上，镇定自若，认真听讲，时而与同伴讨论，时而举手回答问题。小学的课堂虽与幼儿园不同，但也有许多未知，充满了趣味和挑战，吸引着他们。

孩子们与小学的哥哥姐姐们进行了交流互动。"哥哥，你们每天有多少作业呀？""姐姐，课间休息能做什么呢？"面对弟弟妹妹们天真的问题，小学生们耐心地一一解答。

回到幼儿园，孩子们意犹未尽，你一言我一语，纷纷畅谈自己在小学中的所思所获，畅想着小学生活，并和老师、小朋友们分享自己的所感所想。

二、案例分析

通过"参观小学"活动，大班孩子们亲眼观察、亲耳聆听、亲身体验，近距离地了解小学生的学习生活，感受到小学校园生活的无限魅力，这不仅仅减少了他们对小学的陌生感、神秘感，更激发了他们对成长的期待和美好向往，为孩子们顺利进入小学奠定了坚实的基础。《3~6岁儿童学习与发展指南》中指出："5~6幼儿要对小学生活有好奇和向往"，并在教育建议中指出"带领大班幼儿参观小学，讲讲小学有趣的活动，唤起他们对小学生活的好奇和向往，为入学做好心理准备"。通过走进小学，幼儿直观了解了小学生活，激发了他们进入小学的欲望，为他们进入小学做好了一定的心理准备，有助于幼儿从学前教育向小学教育的顺利过渡。我们可以看到幼小衔接不仅是幼儿园、家长关注的问题，在特定的时期，幼儿本身也关注着自己即将进入的小学生活。因为源自他们的需要和兴趣，他们自主了解，自主体验，围绕着小学生活，孩子们好奇、发问、对话、分享、反思、体验。

（长春市南关区第三幼儿园　郭一璇　付瑶）

时间的主人

一、活动实录

参观小学、体验课堂结束后，大班幼儿对"小学"话题的讨论更加具体、直观了。有了前期的实践经验，我们发现幼儿的问题更多聚集在时间上。因此，我们决定开展时间管理的活动，帮助孩子认识、珍惜、学会管理时间，知道整点、半点，感受时间的意义。让孩子学会看时间，并将时间与活动配对。如：早上 7:30 入园、7:35 晨间活动等，让孩子渐渐了解不同时段的不同活动，培养孩子的时间观念。

要发展幼儿的时间管理能力，光认识时间是远远不够的，还得调动他们的积极性，让他们成为时间的主人。于是，我们引导幼儿为自己的一日活动设定时间，尝试主动遵守自己的时间计划。

首先，集体讨论、设计并制定一张"一日生活时间计划表"，通过商量讨论，大家认为"一日生活时间计划表"应该包括"活动内容""计划时间"和"实际时间"三项。"活动内容"是完成计划表的关键，幼儿自己动手设计活动图标，这考验幼儿的观察能力。很快，计划表就制作好了，大家认识和熟悉了计划表中的每项活动。在实施计划时也出现了好几种情况：没有时间观念的计划成了无效计划，高估自己能力的幼儿计划往往无法实施。通过集体分享和讨论，大家逐渐意识到时间计划并不是越快越好，而是要根据不同的活动和自己的实际情况来设定。

最后，实施自己的时间计划，每天放学前我们会留一段时间让幼儿分享自己的时间计划的实施情况，并制定第二天的时间计划。

一日生活的时间计划与实施更合理可行。幼儿渐渐形成了较为稳定的做事风格——自觉、守时、不拖沓，他们成了时间的主人，也成了自己活动的主人。

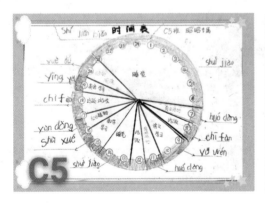

二、案例分析

幼儿园有序而宽松的生活节奏，使幼儿对时间意义的理解和时间长短的体验较少，"认识时钟，逐步建立时间概念"是上学之所需。通过设计时间表这一活动，不仅培养了孩子的良好习惯，增强了他们的时间观念，还让孩子有了充分的自主权。同时，我们在教学内容的选择上要满足幼儿需要，贴近幼儿生活经验，如：时间观念是一个抽象的概念，为了贴近生活，我们并没有采用说教的方式，如讲个《龟兔赛跑》之类的故事来教导孩子好好珍惜时间，而是将关注点深入孩子一日生活的各个细节中去，从孩子身边出现的问题情境入手，如早上起不来、睡懒觉、吃饭拖拉等等，这些问题的一一解决，对孩子来说才是真正有价值、有意义的学习，这样的学习内容才能促进幼儿主动建构时间观念。

（长春市南关区第三幼儿园 邵天祺 佟馨婷）

幼小衔接趣味运动会

一、活动实录

《幼儿园教育指导纲要（试行）》中指出"幼儿对周围事物、现象感兴趣、有好奇心和求知欲望"。对于小学的运动会，孩子们充满了好奇和向往，有很多想要了解、知道的事情。幼小衔接阶段，通过参加各种运动活动，孩子可以锻炼身体，增强体质，提高协调性和平衡感。此外，运动还可以帮助孩子释放压力，培养他们的团队精神和竞争意识，为其小学生活打下良好的基础。为满足大班幼儿对小学生活的好奇心，帮助幼儿更全面、直观地了解小学，以积极的心态迎接小学生活，实现从幼儿园到小学的顺利过渡，小朋友带着对小学的期待与向往走进小学参加运动会，近距离地感受了小学丰富多彩的校园生活。

大班幼儿对运动会感到好奇："什么是运动会？""运动会上我们可以参与什么项目？"带着疑问和思考，孩子们开展热烈的分享与交流……孩子们用自己独特的方式，和哥哥姐姐一起以运动员的身份逐一入场参加小学运动会。

去参观运动会之前，孩子们在老师的带领下，一起制定了参加运动会的规则。孩子们说出参加运动会需要注意的事项，如：不要乱丢垃圾、不可以大声喧闹、不能随便离开位置等。教师通过与孩子一起讨论、制定规则，让孩子成为活动的小主人。

　　赛场上，参加比赛的小小运动员们已整装待发，随着裁判员的一声枪响，比赛正式拉开帷幕。小小运动健儿们在赛场上与哥哥姐姐们一起拼搏，毫不逊色，看台下队友的加油呐喊声更是不绝于耳。

　　小学的哥哥姐姐带着幼儿园小朋友们一起体验运动会比赛项目，小朋友们玩得很投入、很开心。原来这些项目这么有趣，小朋友们对小学更加充满了期待。

　　大班幼儿不仅近距离地观看、体验了小学的运动会，感受到全力奔跑、团队拼搏的别样运动会魅力，更激发了每个孩子对踏入小学的期盼。

二、案例分析

　　幼儿对运动会有着强烈的兴趣，他们在讨论、思考和实际操作中参与到运动会中来，教师追随幼儿的兴趣，提供支持，提升了幼儿对运动会的参与感和喜悦感。幼儿对成功的渴望，促使他们积极想办法了解运动的重要性。

在参与运动会的过程中，不仅锻炼了幼儿的身体，而且培养了幼儿的自我管控能力和坚持的意志品质。孩子们从参观、体验中感受运动带来的乐趣。通过这一过程，提高了他们的身体素质、培养了他们的兴趣爱好，为其进入小学阶段打下了坚实的基础。

（长春市南关区第三幼儿园　徐彤彤　王婷婷　李灵宇）

扫码观看《幼小衔接身心准备》视频片段

实践探索

幼儿身心准备的实践探秘之旅

在幼儿教育领域中，幼小衔接阶段的幼儿身心准备工作宛如一座重要的桥梁，连接着幼儿天真无邪的童年与即将开启的学习生涯。这是一段充满挑战与机遇的实践探索之旅，承载着我们对幼儿未来成长的殷切期望。

在这实践探索之旅中，幼儿园积极组织幼儿参与参观小学、和小学生共上一节课、和小学生一起升国旗、和小学生一起做间操等活动。当孩子们走进宽敞明亮的教室，看到整齐的课桌椅和大大的黑板，眼中充满了好奇与期待。与小学生们的交流互动更是让他们对未来的学习生活有了更直观的认识。在日常教学活动中我们还设计与小学相关的主题活动，如"小学生的一天""课间十分钟"等，让幼儿熟悉小学的环境、教室布局和课程安排。回到幼儿园后，孩子们兴奋地分享着自己的所见所闻，对小学的向往之情愈发浓厚。

而在心理准备方面，我们幼儿园更是不遗余力地为幼儿开设了心理沙盘课程，对幼儿的心理健康和全面发展起到了促进作用。通过温馨的绘本阅读时光，孩子们走进了一个个充满爱与勇气的故事世界，懂得了面对困难时要保持乐观，学会了关心他人。我园开展大手拉小手、大孩子安抚小孩子、喂小孩子吃饭、哄小孩子睡觉等一系列活动。幼儿园一日生活中的每一个环节，都是用适宜的音乐进行过渡，愉悦了幼儿的心情。角色扮演活动则让孩子们有机会体验不同的社会角色，从医生、警察到老师、父母，他们在模仿中理解了责任与担当。幼儿园还特别注重培养孩子们的任务意识，从简单的整理玩具、帮助老师分发物品，到值日生工作，孩子们逐渐明白了自己在集体中的角色和责任，自信心也在一次次成功完成任务的过程中悄然建立。

幼儿的身体准备是这一旅程的基础。为了让孩子们拥有健康的体魄和良好的运动协调能力，幼儿园精心设计了丰富多彩的体育活动。每日两个小时的户外活动，包括拍球、跳绳、体能游戏、安吉游戏、攀爬游戏等，还有打沙包、跳皮筋、射箭、打弹弓、蹴鞠、投壶、踩高跷等传统游戏，让孩子乐在其中。其中跳绳是我园的特色，幼儿学习跳绳通常会分为以下几个步骤：无绳跳跃练习、单手甩绳练习、慢动作跳绳练习、连续跳绳练习。当幼儿能够熟练跳绳后，适当增加难度，可以尝试单脚跳、交叉跳、点脚跳、反跳、跑跳、弹力球跳等花样跳绳。引导幼儿与小伙伴一起合作跳绳，如双人带跳、你摇我跳、拉手跳、交替跳等。大绳也可以加入很多花样，如甩龙跳、加小绳、加呼啦圈、加篮球、加弹力球等。孩子们一个接一个勇敢地冲进绳圈，共同演绎着团结与默契的精彩画面。经过持续的努力，孩子们的跳绳技艺日益精湛。在这个过程中，孩子们不仅提高了身体的协调性和灵活性，更培养了坚持不懈的精神和面对困难的勇气。老师们还巧妙地将游戏融入体育教学，如"小兔子跳跳跳""小螃蟹运球"等，让孩子们在玩乐中锻炼了肌肉力量和平衡感。此外，我园定期开展的体能竞赛激发了孩子们的竞争意识和团队合作精神，使他们在相互鼓励和支持中不断超越自我。

为了培养幼儿的精细动作，在美工区，幼儿可以运用画笔、剪刀进行绘画和手工制作，锻炼其手部的控制能力和灵活性；在建构区，拼接积木、搭建模型的过程，有助于提升幼儿手指的精细操作和手眼协调能力；益智区中的拼图、穿线等游戏，能够进一步强化幼儿手部小肌肉群的力量和协调性。我园幼儿在中班时就开始尝试使用筷子进餐，这有助于孩子精细动作的发展和手部肌肉的锻炼。

为了帮助孩子们更好地适应入学后的变化，幼儿园还开展了"幼小衔接"主题班会。邀请小学生进到班级耐心地解答孩子们的疑问，老师引导他们正确看待学习中的挑战，鼓励他们勇敢地迎接新的成长阶段。同时，通过家园合作，家长们也积极参与到幼儿身心准备的工作中来。他们在家中为孩子营造良好的学习氛围，培养孩子的自律习惯，与幼儿园携手为孩子们的未来奠定坚实的基础。

在这充满爱与关怀的实践探索之旅中，我们见证了孩子们的成长与蜕变。他们从懵懂稚嫩逐渐变得自信勇敢，为即将到来的小学生活做好了充分的身心准备。我们坚信，这段宝贵的经历将成为他们人生中一段美好的回忆，助力他们在未来的学习和生活道路上勇往直前，绽放出属于自己的光彩。

（长春市绿园区第一实验幼儿园　牟瑞娟　张月）

典型经验

幼儿花样跳绳的秘籍与良方

身心准备是做好幼小衔接工作的首要准备。它的目标包括对小学生活充满向往、保持良好的情绪状态、喜欢运动、动作协调。幼儿园的花样跳绳活动，是一项充满创意与趣味、具有独特魅力的活动。它不仅能够给孩子们带来欢乐，还对他们的身心发展有着诸多益处。为此我们积极开展花样跳绳活动，并取得了显著的成效。

一、明确目标与计划

在开展活动之前，教师应清晰界定活动的目标，诸如提升幼儿的身体协调性、强化肌肉力量、培养节奏感以及增进他们的合作意识等。要有计划地进行练习。如第一阶段熟悉绳：让幼儿进行自主创意玩绳，对绳产生兴趣；第二阶段跳绳前的准备：空摇绳、原地跳、空摇＋原地跳；第三阶段学习跳绳：学习基本的跳绳方法；第四阶段创意跳绳：幼儿进行自主创意跳绳；第五阶段合作跳绳：两人或多人合作跳小绳；第六阶段小绳变大绳：单人等绳、单人上绳；第七阶段大绳创意跳：幼儿自主进行创意跳大绳。

二、安全保障措施

安全是任何活动的首要原则。为确保幼儿的安全，我们采取了以下措施。首先，清除一切可能导致孩子受伤的障碍物，确保活动场地平整且无杂物，为幼儿提供安全的活动环境。其次，仔细检查跳绳的质量，确保其质量和长度适合幼儿使用；避免潜在的危险，防止在活动中发生意外；提醒幼儿注意自身安全，避免相互碰撞；教师全程监护。最后，依据幼儿的年龄和体力状况，合理规划跳绳活动的时间，以避免幼儿过度疲劳，对其造成伤害。在每日户外活动时间，跳绳活动会穿插在户外活动的各个碎片间隙，例如体能游戏后剩余的时间，幼儿会进行自主跳绳，这样一是避免活动量过大对幼儿造成伤害，二是帮助幼儿养成自主练习的运动习惯。

三、循序渐进的教学方法

身心健康的具体表现是幼儿能积极参加多种形式的户外活动，并且能连续参加体育活动一小时以上。让幼儿喜欢上运动，初步养成良好的运动习惯，增强幼儿体质，使其保持充沛精力和良好情绪。根据身心准备教育建议，我们充分保证幼儿每天的户外游戏和体育活动时间。为幼儿提供方便的体育活动材料，开展多种形式的游戏和体育活动，鼓励和支持幼儿选择自己喜欢的活动。因此，我们设计了各种有趣的游戏和活动，并且结合幼儿的个体差异设计了不同的跳绳方法，使孩子们在欢乐中掌握跳绳的技巧。结合走、爬行、跨越障碍物、平衡、跳跃设计了有趣的游戏活动。如：扫雷行动、小兔子的跳绳冒险、大摆钟等。

扫雷行动　　　　　　　　　小兔子的跳绳冒险　　　　　　　大摆钟

当幼儿对绳的玩法产生了兴趣，我们则从简单的分解跳绳动作开始逐步引导幼儿掌握更多的跳绳技巧。这有助于培养他们的自信心，让他们在进步中体验到成功的喜悦。幼儿熟练掌握个人跳小绳后，就逐步加入花样跳绳，进行循序渐进的教学，并及时给予幼儿鼓励和表扬，让他们感受到自己的努力和进步得到了认可，从而激发幼儿的自信心，提高幼儿对花样跳绳的喜爱。同时，通过音乐、舞蹈等方式，营造轻松愉快的活动氛围，让幼儿更加享受跳绳的过程，使幼儿在愉悦的氛围中更加投入地参与活动，并且能够根据音乐节奏的快慢、旋律的变化调整跳绳的速度及花样。最后则是鼓励家长在家中与孩子一起跳绳，增进亲子关系的同时，也有助于孩子们更好地坚持跳绳活动，促进其身心健康的发展。

先分解动作，进行上肢摇绳练习、分解跳绳练习。再从最基础的双脚连续跳、单脚跳，到带人跳、单脚点地跳、编花跳，再到单脚反跳、双人双手摇绳并排跳、跑跳、双脚交替跳、开合跳、弓步跳、弓步转换跳、反编花跳、三人合作跳等等。当幼儿对这些初阶花式跳绳完全掌握后，我们可以根据幼儿个体差异开展进阶版花式跳绳活动。比如：勾脚跳、勾脚点地跳、提膝跳、提膝点地跳、提膝踢腿跳，还可以融入侧打直摇绳、侧打交叉甩绳、左右甩绳，甚至可以进行进阶甩绳：每侧摇两下。以此满足幼儿对花式跳绳探索的愿望及表达成功的喜悦心情。最后则是开展团体跳绳活动，培养幼儿的团队合作精神。在区艺术节活动中，孩子们展示了单人花样跳绳、双人花样跳绳、多人协作跳绳，更融合了大绳带小绳、带呼啦圈及篮球的多样化团体跳绳活动。孩子们在此次活动中不仅展示了个人花样跳绳的能力，更展示了孩子们默契的团队合作精神。

上肢摇绳练习

分解跳绳练习

单腿跳

带人跳

双脚连续跳

单人花样跳绳表演

四、实践与探索、创新与拓展

简单的基础跳绳方法已无法满足孩子们实践探索的愿望，他们通过学习模仿老师、家长或其他小朋友的跳绳动作，然后在实践中加以调整和改进。如：有的幼儿在实践正跳时探索出反跳，有的幼儿在实践原地交替跳时探索出跑跳，还有的幼儿看到老师编花跳后探索出双臂交叉连续编花 2 个、3 个……幼儿在实践与探索中常常会尝试不同的跳跃节奏、高度、速度等，探索创造出一些属于自己的单人跳绳方式，比如单脚交替跳、开合跳、弓步跳、反编花跳等。在与小伙伴一起跳绳时，会互相激发灵感，共同探索双人跳绳、多人跳绳的方法，比如一人摇绳多人跳、两人摇绳三人并排跳等。有时幼儿还会借助道具进行跳绳动作探索，比如边跳呼啦圈边跳大绳、边拍球边跳大绳、边跳弹力球边跳绳等。在幼儿实践探索中我们要给予幼儿充分的自由玩耍时间，让他们在无压力的状态下，随心地尝试各种可能的跳绳动作和组合，不断创新跳绳的玩法和形式，从而激发孩子们的创造力和想象力。

编花正跳

编花反跳

边跳弹力球边跳小绳

大绳套小绳单人跳

大绳套呼啦圈双人跳　　　　　　　双人拍球跳大绳

通过以上典型经验与做法，花样跳绳活动取得了显著的成效。幼儿的身体素质得到了明显提高，他们的协调性、灵活性和耐力都有了较大的提升。幼儿在活动中培养了合作精神和自信心，变得更加开朗活泼，增强了对运动的兴趣和热爱，树立了健康的生活态度。

在未来的教育实践中，我们将继续完善和优化这些经验与做法，为孩子们提供更好的花样跳绳活动，助力他们健康快乐地成长。

幼小衔接就像一个过渡的驿站，让孩子在这里稍作停留和调整，使其更好地去适应新环境。身心准备则是幼小衔接的必要保障。让我们从引导、尊重、关注做起，携手同行，为孩子们提供一个愉快的、健康的、有益于身心成长的幼小衔接环境而不断前行。

（长春市绿园区第一实验幼儿园　牟瑞娟　张月）

优秀案例

飞扬小绳花样炫

一、活动实录

户外活动时，幼儿开始自主跳绳活动。几个幼儿不再满足于基础的跳绳方式，他们开始探索各种花样跳绳。只见轩轩边跳边喊："老师，我能反跳了。"宣实说："我能单脚正跳、反跳，还能单脚点地跳。"我随即称赞道："你们都好厉害，相信你们还会创编出更多的花样跳绳的方法。"汐汐说："老师，你会花样跳绳吗？""当然，我跳个编花给你看看。"汐汐看后说："我想试试编花。""行，你要注意双臂交叉和打开的时间节点，注意观察我的慢动作。"汐汐看后，开始尝试编花跳。她在跳的时候我时时提醒其双臂交叉、打开，让其掌握双臂变化的时间节点。这时远处传来轩逸的声音："老师，我们俩可以一起跳。"汐汐和刘震看了连忙说道："我们还能双人并排跳呢。"

基础跳绳

探索反跳

单脚正跳

探索单脚反跳

带人双人跳

双人并排跳

二、案例分析

《3~6岁儿童学习与发展指南》强调了健康教育对于幼儿的重要性，幼小衔接四个准备又把身心准备放在了首位。可见，健康教育不但能够增强幼儿体质，使其保持愉快的情绪，而且为幼儿在其他领域的深入学习和发展奠定基础。而跳绳是一个需要长时间反复实践与探索的活动，又是一个极具挑战性的活动。孩子的兴趣则是探索各种花式跳绳的重要依据。

幼儿已经掌握了基本的跳绳方法，通过自主实践、探索，从粗浅的、简单的反跳到单腿跳再到各种花样跳法，每一种探索与实践，教师都给予了充分的肯定与鼓励，促使幼儿愿意实践，提升了幼儿的探索欲望，增强了幼儿的身体素质和身体协调性。在探索过程中教师积极融入孩子们当中，更能够带动幼儿跳绳的积极性，并通过教师的示范与引导逐步帮助幼儿打开思路，掌握编花跳绳的方法。

（长春市绿园区第一实验幼儿园　牟瑞娟）

绳球交响曲

一、活动实录

睿睿小朋友是我班体能较突出、身体协调能力非常好的孩子，经过之前的练习，已掌握跳弹力球的技巧。在一次户外活动中，我们练习拍球跳绳时，睿睿跑过来问我："老师，我觉得拍球和弹力球的节奏是一样的，跳弹力球可以跳绳吗？"

我回答："你可以尝试一下哦。"于是睿睿开始练习边跳弹力球边跳绳。第一次睿睿就跳过了一个，"睿睿你太棒啦，成功了一个，继续加油！"经过几次的练习，睿睿学会了弹力球跳绳。

弹力球跳绳　　　　　　　　　　弹力球交叉跳

　　经过一段时间的不断尝试与练习，睿睿小朋友终于熟练地掌握了弹力球跳绳！她从一开始的生疏，到渐渐地能把握节奏，再到熟练地跳跃，每一个小小的进步都凝聚着她的坚持与努力。之后在弹力球跳绳的基础上，她还加入了交叉跳、带人跳、大绳跳。

弹力球带人跳　　　　　　　　大绳套弹力球跳绳

二、案例分析

　　睿睿小朋友刚开始有些手忙脚乱，在她失败时我给予鼓励，进步时及时给予表扬和肯定，经过一段时间的尝试和磨合，她逐渐找到了节奏。睿睿的成功，吸引了更多小朋友加入弹力球跳绳的队伍中，他们相互配合，循序渐进地练习，最后完成了弹力球跳小绳、弹力球交叉跳、弹力球带人跳、弹力球跳大绳以及双人弹力球跳大绳，孩子们的脸上都洋溢着喜悦和成就感。

弹力球跳绳活动为幼儿提供了一个有益的运动体验，不仅促进了他们身体动作的发展，还培养了他们多种能力和品质。睿睿在失败时，能够在老师的鼓励下继续坚持探索，最后获得成功，拥有了不怕困难的勇气和坚持的品质。大绳套弹力球跳绳活动为幼儿提供了一个富有挑战性和趣味性的运动场景，促进了幼儿多方面能力的发展。通过这样的活动，孩子们不仅锻炼了身体，还培养了团队精神和合作意识。在今后的教学中，可以继续开展类似的活动，让孩子们在快乐中健康成长。

（长春市绿园区第一实验幼儿园　张月）

动感大绳初体验

一、活动实录

熊熊是我班一个超重的孩子，身高 120 厘米，体重 90 斤。经过不断地实践与探索，他可以连续跳小绳 20 下。由于班级多数幼儿已经不再满足跳小绳，于是他们提议跳大绳。熊熊站在我的身后想要跳却又不敢跳。我说："熊熊，当绳打到地上的时候你就往中间跑，绳是不会打到你的，放心吧。"熊熊低着头说："老师，我想跳大绳，可是我不敢。"于是我又对他说："我推你，你就往前跑，你要是没准备好老师会把绳停下来，绝对不会打到你，行不？""行。"于是，我推了他一下，并提醒他"跳"，让他掌握跳大绳的节奏。经过几次的练习他终于敢上大绳并且能够连续跳大绳 6 下。而明明和吉吉已经探索出双人合作跳大绳了，其他小朋友也都想尝试。于是我说道："两人合作时第一个上绳的人尽量往前跳，为后边的小朋友留出地方，并且跳绳的节奏一致，这样才能够成功。"经过多次的实践与探索，他们有的两人、三人、多人一起跳，有的幼儿甚至可以大绳带小绳、大绳带呼啦圈、大绳带拍球跳。

熊熊成功上大绳　　　　　　　　大绳带小绳

多人一起跳大绳　　　　　　　　大绳带呼啦圈

二、案例分析

对于超重幼儿我们在帮助他掌握跳绳方法的同时更要关注幼儿身体健康情况,通过适当的运动帮助幼儿控制或降低体重,使幼儿拥有健康的体魄。当幼儿不会或不敢时我们要积极引导、讲解方法,尊重幼儿的意愿。通过正面引导,鼓励幼儿大胆探索与实践上绳、跳绳。集体跳大绳不但需要孩子们在节奏、身体协调性、动作技能上有较高的要求,而且要有团队合作的意识。当幼儿获得一定经验后,先请能力较强的幼儿进行合作跳大绳,教师及时讲解合作跳大绳的技巧,提高幼儿的兴趣,激发幼儿实践与探索的欲望,并且在双人及多人跳绳中充分展现团队合作意识。

幼小衔接身心准备目标指出,要使幼儿喜欢运动、动作协调。而跳绳活动目标主要就是提高幼儿的身体素质,促进幼儿身体协调性发展,使幼儿乐于参与运动,自主实践探索多样化跳绳的方法,增强团队合作意识。通过对上述案例的深入分析，我们可以更好地理解其对幼儿发展的重要意义。

（长春市绿园区第一实验幼儿园　牟瑞娟）

扫码观看《幼儿园花样跳绳游戏案例》视频片段

生活准备

实践探索

生活"慧"准备，幼小"序"衔接

《幼儿园入学准备教育指导要点》将生活准备列为幼儿入学准备的四

个关键内容之一，既关注了幼儿的成长规律，又符合幼儿园保教结合的教育原则与任务。《3~6岁儿童学习与发展指南》提出：良好的生活习惯和基本的生活能力是幼儿身心健康的重要标志之一，也是其他领域学习与发展的基础。

当幼儿进入小学后，全新的学校生活会让他们面临诸多挑战，而因生活准备不足，会导致诸多问题的出现。如：照看不好自己的个人物品，导致影响情绪和学习；自我保护意识不强、安全意识差，导致不懂得躲避危险，活动中容易受伤；课间休息不会有序安排和适当放松，会影响上课状态；没有时间观念，做事拖拉，会影响学习效率；个人卫生习惯不好，容易生病，导致入学适应困难，进而影响幼儿的身心健康成长；等等。为做好充分的生活准备，帮助幼儿较快适应小学作息和生活，我园开展了全方位极具意义的实践探索。

一、一生奠基全力赋能，积蓄后续发展的成长力量

充分的生活准备可以帮助幼儿较快适应小学作息和生活，良好的生活习惯和自理能力可以增强幼儿的自信心，提高幼儿面对新环境、处理日常生活事务和独立解决问题的能力；较强的安全意识和自我保护能力，可以帮助幼儿识别危险，保护幼儿的身心健康；良好的饮食习惯可以提供充足的营养，增强幼儿的免疫力；规律的作息时间和充足的睡眠可以帮助幼儿保持充沛的精力和体力，从容面对在校一日的生活和学习；热爱劳动的好习惯，可以增强幼儿的责任感，是幼儿融入集体生活后，为集体、为他人服务的基础。

生活即教育，教育即生活。无论是从幼儿个体的纵向发展，还是从小班、中班到大班三个年度的横向衔接，"时间"都像是一条轴线，伴随和记录着幼儿的成长与发展。因此，关于"时间"这一抽象的概念，我们需要理解和贯彻《幼儿园教育指导纲要（试行）》所指出的"教师应建立良好的常规，避免不必要的管理行为，逐步引导幼儿学习自我管理"。

基于幼儿一日生活，开展形式多样、内容丰富的教育活动。如小班着重以适应幼儿园生活各环节、养成一日生活作息规律为前提，引导他们在一日作息中知道什么时间做什么事情，让他们顺利度过踏入社会的第一个适应阶段；进入中班后，对时间意识以直接感知为基础，在具体可操作的场景或游戏中，直接感知遵守时间的重要性以及时间长短的意义，让幼儿在有趣的游戏过程中学习并体验到各种时间规则，强化时间管理意识；大班借助"时光银行"这一载体，使幼儿形成时间观念，学会规划自己的时间及方法，养成按时作息、做事有计划、守时、不拖沓等好习惯，拥有管理时间的能力，为幼儿成为小学生打下良好的基础。

二、两育结合全程准备，搭建有序衔接的成长阶梯

幼小衔接是一个长期持续的过程，应坚持儿童本位视角，珍视一日生活中的各环节教育契机，按照由浅入深、循序渐进的原则贯穿于幼儿园三年的保育教育活动当中。如进餐环节，对不同年龄段的幼儿提出不同的目标，有目的、有计划地开展丰富多样的活动，培养幼儿良好的进餐习惯和进餐礼仪。

（一）保教合一，聚焦幼儿年龄特点

小班幼儿处于语言学习的快速发展期，这一时期的幼儿思维直观形象，注意力时间短，我们用朗朗上口的儿歌和生动有趣的游戏以及教师的语言提示、榜样示范等策略，让幼儿在愉快的情境中了解进餐规则、正确洗手、使用餐具的方法；引导幼儿在进餐中能一手扶碗，一手拿勺，不掉饭菜，保持桌面干净；餐后鼓励幼儿能洗手、洗嘴、漱口；针对小班幼儿挑食现象，教师开展丰富的教学活动引导幼儿认识蔬菜，养成不偏食、不挑食、喜欢新鲜食物的好习惯。

（二）保教共育，聚焦幼儿能力培养

中班幼儿开始建立初步的规则意识，动作也更加协调，有了一定的认知经验。我们通过在环境中设置指示线、图示法及用音乐组织就餐活动等方式引导幼儿在餐前有序排队、自主取餐；通过阅读绘本故事、"光盘小达人"

等活动，教育幼儿珍惜粮食；通过常规的"值日生"活动及一日三餐的餐点环节、"文明用餐礼仪标兵"评选活动，为孩子提供学习与锻炼生活技能的空间，培养幼儿为他人服务的意识及能力。

（三）保教并重，聚焦幼儿自主管理

到了大班，鼓励幼儿自主制定就餐图，通过值日、美食播报、光盘小能手等环节明晰就餐过程的具体步骤及要求；以"二十四节气食育课程"为载体，育生活技能，育习惯养成，育饮食认知，育传统文化，育感恩意识等；提升自主管理的意识和能力，积累必要的生活经验，促进幼儿的全面发展。

此外，我园持续开展全保教岗位人员大教研活动，讨论、挖掘每一个生活环节中蕴含的各种学习与发展契机，有效促进保教深度结合，进一步提高我园幼小衔接生活准备工作成效。

三、三方合力全域准备，构筑协同机制的成长路径

《教育部关于加强家庭教育工作的指导意见》《幼儿园教育指导纲要（试行）》等多个文件中反复提出：要构建家庭教育社区支持体系，幼儿园与家庭、社区密切合作，与小学相互衔接，综合利用各种教育资源，共同为幼儿的发展创造良好的条件。

幼小衔接不是幼儿园或幼儿单方面的行动，而是三方育人的联合行动。我园以社区为半径，广泛宣传幼小科学衔接的协同机制，最大化地争取社区联动、校园衔接、家园协同的三大幼小衔接教育场，为生活准备的有序开展奠定基础。在建设高质量教育体系的发展要求下，实现家园社"三位一体"协同育人合力。

（一）构建与社区联动的体验场

将社区的一切有利资源转化为幼儿教育的资源，让幼儿在真实情景中获得发展。我们带领幼儿走进社区，参与多种劳动活动，了解各种职业的工作特点，直观感受劳动成果的来之不易，讨论他人劳动给自己生活带来的便利，开展"蓝丝带"活动，将蓝丝带送给辛勤的劳动者，让幼儿在健康良好

的社区生活环境和氛围中积累生活技能,在真实的社会活动中培养幼儿热爱劳动的优秀品质。

在社区开展安全教育实践活动。走进消防大队、派出所、交警大队,了解必要的安全知识和有效的求助方法,增强幼儿的自我保护意识和能力,有助于幼儿适应新环境,避免发生危险和伤害。

(二)构建与学校衔接的学习场

与小学联动,近距离了解小学与幼儿园生活的不同。幼儿园定期开展"探秘小学,我来了"活动,解答孩子们关心的"到了小学还会睡午觉吗""小学的值日生应该怎么做"等疑惑。亲身感受小学课堂,参观小学一日生活,和小学生交谈,让幼儿在活动中,通过亲眼观察、亲耳聆听、亲身体验,帮助幼儿将所思、所想与实践相连接,唤起其对学校生活和未来世界的美好期待,为入学准备打下扎实基础。

结合小学作息制度安排,引导幼儿认识时间,建立时间概念,学会管理时间。例如:组织开展认识钟表、每日签到、计时播报等活动,通过和幼儿一起制定一日活动计划,并按照计划开展活动,以适应入学后按照课程表进行一日生活和学习。结合小学下课十分钟的时间开展"10分钟散养"活动,让幼儿学会遵守时间,合理安排时间,进而树立时间观念,培养幼儿守时、自律的好品质。

(三)构建与家庭协同的实践场

家园合力,营造良好的教育氛围。通过家长讲座、家长助教、半日活动开放等多种方式,邀请家长走进幼儿园,了解幼儿一日生活当中所蕴含的教育价值,借助幼儿鲜活的活动场景向家长宣传科学的幼小衔接理念,缓解家长的压力和焦虑。

培养幼儿良好的劳动习惯及初步的责任意识。和幼儿一起制定家庭劳动计划,鼓励幼儿参与力所能及的劳动,如摆放碗筷、餐后整理餐桌、扫地、扔垃圾等。注重家园活动渗透,组织与家庭成员共同开展劳动打卡活动,引导幼儿与家长一起制定"家务劳动清单""周末计划"等,在各种家园实践活动中培养幼儿的计划意识、任务意识及执行任务的能力，为入学以后的生活做好准备。

幼小衔接生活准备的实践探索是一个漫长的过程，需要我们在日复一日的累积中持续摸索、反思、梳理、提炼。如果说学前教育是为幼儿后继学习和终身发展奠基，那么，幼小衔接就是尊重教育规律，帮助幼儿科学过渡、全面适应小学生活，平稳顺利地过好每一个当下。

（长春市赫行枫理德幼儿园有限公司　李秀航　裴蕾蕾）

典型经验

赴时间之约，做时间的小主人

一日生活是幼儿在园一天的全部经历，是幼儿生命充实与展现的历程。我园以一日生活为契机，贯穿幼儿园三年教育全程，围绕生活作息习惯、生活自理能力、生活规则意识及生活时间管理技巧，开展了各种保教活动，帮助幼儿从生活入手开启幼小衔接的生活准备。

一、一日生活有规律（小班）

刚入园的小班幼儿，面对陌生的人和环境会产生恐惧、焦虑、不适应等行为反应，常常表现出不吃饭、不睡觉、不参与集体游戏、爱生病等问题。为此，我园以帮助其适应幼儿园并养成规律的一日生活作息习惯为目标，引导他们到什么时间做什么事情，建立生活规律，让他们顺利度过踏入社会的第一个适应阶段。如：第一，在入园前，通过体验式入园活动，帮助幼儿从家庭作息向幼儿园作息过渡，增强适应能力。第二，缓适入园，我们将新生入园分成三个阶段，首先是来园半天；其次是来园一天，但中午回家午睡；最后过渡成完整在园一日活动。这样，通过"亲子陪伴活动—半日陪伴活动—

半日独立入园—全日入园"的过程，积极帮助他们逐步适应有归属感和安全感的环境，帮助幼儿接纳幼儿园的一日作息生活。

二、理解时间守规则（中班）

幼儿的学习是建立在具体形象思维、亲身体验基础上的，他们对时间经验方面的发展也是一个持续、渐进的过程。中班阶段是秩序感和规则意识养成的重要时期，因此，教师对中班幼儿时间意识的养成仍要以直接感知为基础，在具体可操作的场景中，引导幼儿去感知遵守时间的重要性、时间的流转、时间长短的意义。此外，教师将各种时间的规则有效融于游戏中，让幼儿在游戏过程中了解时间、体验时间，建立时间规则，从而达到强化规则意识的目的。例如，入园和午睡两个环节，教师用"不迟到"和"谁午睡时间长、谁醒得早"来强化"守时"以及"时间长短"的认知经验。再如，区域结束后，通过值日生的预警"5分钟—3分钟—1分钟"倒计时来提示幼儿游戏即将结束，建立时间管理的概念。幼儿在直接感知的基础上，还需要在生活的各个环节，不断地、持续地进行时间管理行为的强化，以具体的实践活动去规范时间管理行为，才能够最终内化为时间管理的经验，受益终身。

三、管理时间有计划（大班）

针对大班幼儿存在着做事磨蹭拖拉、缺乏时间管理技巧和习惯等问题，我们借助"时光银行"这一活动，提出争做时间小主人，旨在让幼儿在自我感受、自我调适、自我内化的过程中争做时间的小主人，正确认知时间的意义，建立时间观念，提高做事效率，懂得节约时间，养成良好的时间管理习惯，为幼儿今后步入小学奠定良好的基础。

（一）"时光机"体验：自我感受时间管理效果

1.体验"魔力一分钟"，获得时间的感知

开展"魔力一分钟"游戏，让幼儿在动态和静态环境下感受一分钟的长短，如：一分钟拍皮球、一分钟跳绳、一分钟静坐、一分钟讨论，让幼儿在实践中，获得对时间的初步感知，理解一分钟的价值。

2.体验"时间大竞赛"，巩固时间的认识

在"时光机"中，通过"时光大竞赛"的竞赛机制巩固对时间的认识。如：借助沙漏、时间管理器等记录比赛，让幼儿在竞赛的平台上，获得成功管理时间的喜悦等。

3.体验"时间绘本册"，感受时间的宝贵

投放关于时间的绘本图书，借助绘本的内容树立时间观念、学习时间管理的重要性、感受时间的宝贵，从丰富有趣的故事绘本中初步懂得珍惜时间的重要性。

(二)"时光币"激励：自我调适时间管理方法

1.量身定制"时光存折"，明晰努力方向

为了提升幼儿自主管理时间的经验，开启"时光存折"活动，用它记录、发现幼儿自己在时间管理方面存在的问题、成绩和进步。

2.定期储存"时光币"，约束自我行为

在量身定制"时光存折"活动的基础上，需要幼儿后期根据自己的努力方向，储存相应的"时光币"来激励自我，由此，"专注币""智慧币""善用币"和"守时币"便诞生了。我们每周组织幼儿对自己的表现进行评定，能够达成相应目标的给予相应的"时光币"奖励。

3.后期兑换福袋奖励，感受成果体验

根据幼儿"时光币"的储存数量，在"时光银行"里设置相应的物质奖励和精神奖励，对幼儿在时间管理中取得的成果，给予阶段性的肯定和鼓励。

(三)"财富榜"升华：自我内化时间管理品质

1.实物榜单，以荣誉公示体验成果

将幼儿取得的进步在"时光银行"中以图文结合的形式进行公示，使其感受到努力过后的成功体验，进一步固化幼儿时间管理意识。

2.平台榜单，以平台展示呈现进步

借助信息技术平台，定期把幼儿在时间管理方面的照片、视频进行分享展示，使幼儿直观地看到自己的进步和存在的问题，让幼儿间产生互动，相互学习。

3. 家庭榜单，以家园共育携手共促

由于幼儿在家里的行为表现教师是无法亲身触及的，因此，我们使评价过程做到家园联动、共同参与、互相支持与合作。如：通过家园群打卡，让家长对幼儿在家的时间管理进行监督、评价，激励幼儿养成良好的时间管理习惯。同时，也让家长产生一种内驱力，和幼儿一起提升时间管理品质。教师还定期将打卡成效合成榜单进行表扬公示，实现家园协同联合共育。

经过在园三年的全程、全域衔接互动，帮助幼儿养成较好的作息习惯、建立时间管理的意识、掌握时间管理的方法、提升时间管理的能力，在丰富的实践活动中，幼儿不断建立和调整自己的经验与行为，分析整理出在学习、游戏、过渡环节等方面的时间管理技巧，提升做事效率，有助于良好行为习惯与学习品质的建立，更有助于其顺利适应小学生活乃至后续成长而终身受益。

（长春市二道区赫行米罗幼儿园　刘阳阳）

优秀案例

"签"言万语巧衔接

一、活动实录

新学期家长会后的签到表引起了孩子们的注意……

（一）签到大讨论

迪迪："参加活动的人就需要在格子上写名字。"

树树："就是用笔画上对号，老师就是这样点名的。"

教师："为什么要签到呢？"

等等："看到签到板老师就知道我来幼儿园了。"

齐豫："还可以知道今天谁来了谁没来，来了多少小朋友。"

教师："可以用哪些方式签到呢？"

诺诺："可以在纸上签名字、写学号、打钩、画各种符号……"

（二）签到表格我设计

彤彤："签到表格上得有班级、天气。"

西西："上面要有日期和时间，这样就知道小朋友哪天来了。"

青青："要把名字写在最前面，这样就知道谁签到了。"

小朋友们奇思妙想进行创作，设计出属于自己的签到表。

孩子们民主投票选出最合理的签到表，集合大家的想法制作成了我们的签到表。

（三）师幼合力，共助签到

签到台布置成功，开启了签到初尝试。

　　孩子们在争先恐后的签到中发现了新的问题，如：队伍太长、不认识时间、小朋友签错格子、写名字不熟练等。

那么到底应该怎么解决呢？

1.提升签到能力

集体活动"认识时钟"，解决时间与数字表征之间的关系。

示范数字书写和坐姿的方法，提示书写中不规范的问题。

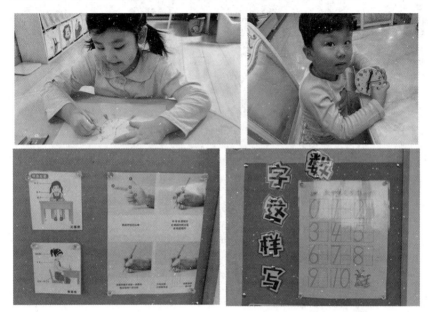

2. 确定签到公约

孩子们轮流当值日生，帮助不会写名字和不会看时间的小朋友。

值日生帮助签到的小朋友

3. 丰富签到内容

随着时间的推移，关于签到的"约定"逐渐产生了。

幼儿1：用"盖高楼"的方式来签到，这样就知道谁是第几个来的。

幼儿2：八点之前入园可以签到，值日组长要统计人数。

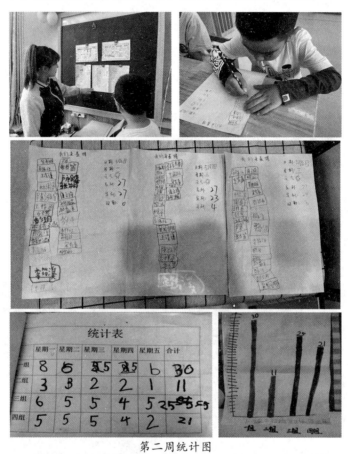

第二周统计图

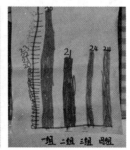

第三周统计图

在统计过程中，出勤的人数清晰呈现出来，八点前入园的人数越来越多，数学在生活中成了孩子们形影不离的朋友。

（四）家园携手，共制计划

智程："第一组小朋友来得早，我也想早点来。"

馨艺："定个闹钟，叫咱们早点起床。"

小盖："提前把衣服、要带的东西准备好，早点出门。"

回家后几点游戏？几点洗漱？几点睡觉？几点起床合适呢？小朋友和爸爸妈妈共同制定了家庭作息时间表。

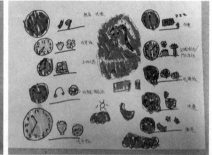

进行睡前签到

睡前准备好第二天穿的衣服

幼儿尝试有计划地安排自己的一日生活，并根据计划安排自己的活动，提高了幼儿做事的计划性，增强了时间观念，按时入园的孩子越来越多。

二、案例分析

自主签到活动实施前期，教师引导幼儿进行集体讨论，以问题为导向层层递进，深挖签到背后对幼儿发展的教育意义。

活动中期，幼儿用简单的表格、数字、文字、符号等表征形式设计签到表。设计内容基于孩子们的日常生活经验和原有认知水平，幼儿能直接感受到表格在生活中起到的作用。在签到过程中，教师也发现幼儿很多问题，如：有的不会看时钟，有的不会写名字，有的不会写数字……

针对这一情况，教师积极调整策略，为幼儿提供铅笔、勾线笔、红笔、橡皮等签到工具，并在签到处张贴正确的汉字书写步骤图及规范的时间书写形式，利用同伴互助、师幼互助、家长支持的方式，引导能力弱的幼儿完成自主签到。

教师还与幼儿一起探讨签到表中隐藏的小秘密，如"你是哪个小组的？""你们组有哪些人？""你的入园时间是几点？"等，渐渐地，幼儿学会了初步的归纳统计。教师利用每天晨间锻炼后的谈话活动，和幼儿共同讨论当天入园签到时间并及时纠错，让签到记录时间更加精准。在交流探讨的过程中，幼儿看懂了握笔示意图，掌握了正确的握笔姿势，学会了正确记录时间、书写姓名，以及观察、比较的统计方法，为他们上小学做好充分的书写准备。

活动后期，教师还将自主签到活动迁移至幼儿的家庭生活中，在自主签到的基础上，衍生出家庭作息时间计划，让幼儿的时间计划和管理意识在家庭生活中得到有效的延续，也增强了幼儿按照计划、规划做事的意识。实践证明，有了家长强有力的协同支持，幼儿在自主签到的活动中，无论是记录的速度还是时间书写的正确率，都有了很多的进步。大部分幼儿不仅能够按时入园，而且能够主动为集体服务。

实施自主签到活动为幼儿营造出自由、民主、关爱的环境氛围。教师在活动中走进幼儿、关注幼儿，抓住生活中的教育契机，开展符合幼儿身心发展规律的多样化活动，以支持幼儿的深度学习，并有效培养幼儿良好的生活习惯与学习品质，为他们顺利进入小学奠定良好的基础。

（长春市赫行枫理德幼儿园有限公司　李雪婷）

我是整理小达人

一、活动实录

（一）发现问题，柜子里的小秘密

在班级里，每个幼儿都有一个属于自己的储物柜。它就像一个"百宝箱"，里面装着各种各样的物品：衣服、口罩、帽子、玩具、手工作品……时间一天天地过去，储物柜被塞得满满当当，柜门关不上了，里面的物品有时会掉落。

遵循陶行知先生"生活即教育"的理念，抓住这一很好的教育契机，"我是整理小达人"活动开始啦。

教师："为什么柜门总是关不上？"

嘟嘟："柜子里面的物品摆放得不整齐。"

嘉一："柜子里的东西太多啦。"

大家发现，原来柜子里的物品太多太乱，塞不下了，柜门就会关不上。那么柜子里到底有什么呢？

（二）梳理分类，为整理衣柜做经验准备

教师："你的柜子里都放了什么？"

美希："我的柜子里有外套和书包。"

等等："我的柜子里有七巧板等玩具。"

小爱："我的柜子里有绘本书和跳绳。"

（三）讨论交流，整理柜子的多种方法

教师："怎么整理柜子？你有什么好办法吗？"

依诺："按照物品种类特征进行分类。"

景霖："将不用的物品带回家。"

球球："将多余物品扔到垃圾桶。"

（四）动手实践，体验中学习

茜茜："我把外套放在下面，把其他的东西装进袋子里放在上面。"

希希："我把衣服放在一边，把包放在下面，帽子就插空放。"

十七："我的外套放在下面，帽子放在外套上面，玩具放在一边。"

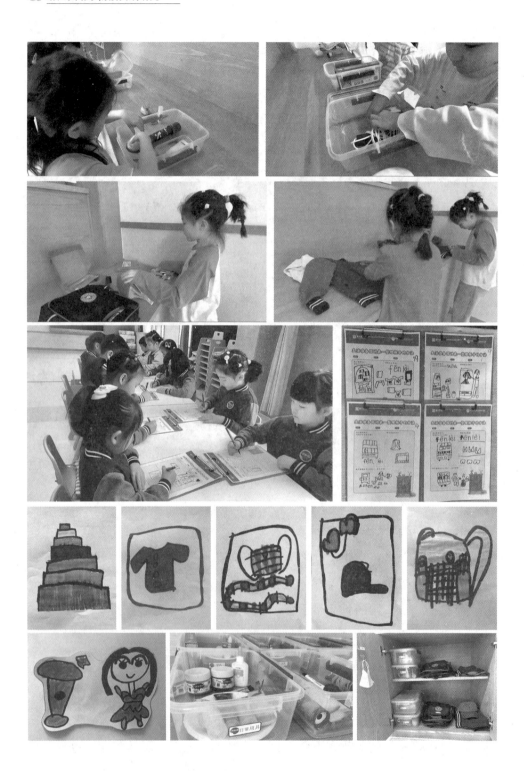

通过实践，幼儿找到了整理柜子的好方法：

1. 从小到大摆放法：大的东西放在最下面，小的东西放在上面。

2. 分类摆放法：把同类的物品放在一起。

3. 借助工具法：当东西太散的时候，将玩具、作品等零碎的物品放在收纳筐或书包里。

4. 断舍离法：不用的东西及时带回家或扔进垃圾桶。

（五）形成常规，实践提升

播种行为，收获习惯；播种习惯，收获品质。为了帮助幼儿建立和形成会整理的好习惯，我们在午睡前抽出 5 分钟时间，开展"百宝箱"百变秀活动，互相检查衣柜的整理情况。

幼儿不断调整自己的想法，提高自己对整理物品的认知，柜子里越来越整齐了。

二、案例分析

幼小衔接的重点并非仅仅关注幼儿知识的积累，还包括对幼儿思维、习惯、技能等的培养。收纳整理是生活技能的重要组成部分，整理的过程既是孩子动作协调发展的过程，也是孩子责任心、耐心、细心、自信心以及团队协作等方面良好品质的形成过程。

（一）在问题中生成课程

《3~6 岁儿童学习与发展指南》提出：大班年段的幼儿需具备按类别整理物品的能力。教师发现幼儿在整理衣柜时，普遍存在整理意识缺失、整理能力较弱、整理经验不足等现实问题，致使衣柜中总是"随意放、乱糟糟"。基于这一生活现象和问题，支持他们在一日生活中从"收纳整理兴趣"扩展到自我服务的意识、方法，这既是一种有效的学习，也是一次幼小衔接生活准备中的重要演练。此次活动从发现幼儿衣柜关不上→思考物品的分类和属性→探讨及寻找解决办法→学习物品分类的方法并进行整理→养成习惯强化经验，是教师引导、支持幼儿不断发现和解决问题的过程。

（二）在实践中自我建构经验和能力

活动中，幼儿的学习是以直接经验为基础的。其获取经验的途径体现为直接感知、实际操作、亲身体验。幼儿自始至终是活动的主体，通过交流讨论，运用数字、图画、图标或其他符号进行表征，通过观察、比较、操作，探究整理柜子的方法，并在幼幼互动的游戏中潜移默化地获得了更多的知识和技能，其观察力、自理能力、独立性、责任意识持续增强，同时，自我服务的能力在生活实践中不断提高，为适应小学生活奠定了基础。

（三）在放手中给予孩子发展的机会

整理柜子看似是一件简简单单的小事，但孩子的未来正是由许多的小习惯和小行为塑造的。在这个案例中，教师始终从幼儿的生活需求出发，以支持者、观察者、引导者的角色带孩子深入学习。活动中，教师并不是知识的讲授者，而是通过问题驱动找到生活中的教育契机，让孩子发现问题、思考问题、解决问题，鼓励幼儿主动想、主动表达、主动尝试、主动总结，并指导幼儿自我管理、互相学习、迁移经验，让幼儿掌握整理衣柜的技能，养成自主整理物品的良好习惯。

（长春新区赫行双语幼儿园　王萍）

播种童心，"植"得期待

一、活动实录

种什么？

一天户外活动结束后，路经"小菜园"时几个孩子讨论起来：

宝宝1：我记得去年这里长了好多绿油油的蔬菜。

宝宝2：是呀，我也记得，今年怎么是光秃秃的。

宝宝3：我知道，我知道！去年种在这里的菜都被拔出来了。

宝宝们：我想种草莓、土豆、柿子、黄瓜……

教师：小朋友们想种植的东西非常多，我们通过查阅资料及投票的方式来决定种什么吧！

小朋友与父母查阅资料　　　　　　　　　　种植调查表

教师：大家想种植的植物品种很多，可是菜地有限，怎么办呢？

用投票的方式决定种什么　　　　　　　　　投票记录单

种哪里？

教师：幼儿园有 10 块可以种植的地，我们选哪一块种植呢？

宝宝 1：我们幼儿园只有 5 个班，每个班级可以选两块地来种。

宝宝 2：选择距离我们班级近的地方种，这样可以及时照顾它们。

宝宝 3：蔬菜都喜欢太阳，我们得选择太阳能照到的地方，被房子挡住阳光的不能选。

教师：那我们就选择在这里种植，大家觉得怎么样？

用什么工具种？

教师：种植都需要准备哪些工具、材料呢？

宝宝们：小水壶、小铲子、铁锹、耙子……

我找到了水壶

我找到了铲子

教师：小朋友们找到了很多工具，可是哪些是有用的，哪些是不适合的呢？

宝宝 3：我们去问问有经验的保安爷爷吧。

保安爷爷演示使用劳动工具

（一）趣味种植

种植地选好了，孩子们分工合作，翻地、捡石头、松土、拔草、清理，忙得不亦乐乎。经过老师和孩子们的一番辛勤劳动，各类种子便在我们的小小种植园顺利安家啦！

（二）记录植物生长过程

孩子们用画笔记录下养护植物的过程和植物的生长过程。

（三）收获与品尝

孩子们和老师们一同收获种植的作物，一起分享收获的喜悦，感受劳动的乐趣，体验劳动者的辛苦，品尝劳动的果实。

成熟的果实

孩子们的收获

体验扒玉米皮　　　　　　　　　　一起来晒秋

和老师一起制作美食

与老师分享美食

二、案例分析

静待花开。在"种植"这一系列主题活动中，我们一起经历了春播、夏长、秋收、冬藏的季节变化，我们都是植物的观察者、照护生命的劳动者、分享收获的成功者。生活即教育，教育即我们的生活。

（一）倾听——了解孩子的心声

"我记得去年这里长了好多绿油油的蔬菜。"……

在孩子们的表达中我们发现，他们对于"种蔬菜"这件事很感兴趣。因此，关于"种什么、在哪里种、用什么工具种、怎样种"等问题，我们决定倾听孩子，尊重他们对种植的各种好奇。

（二）交流——拓展孩子的经验

为了让孩子们更深入地参与到种植活动中，我们采取了多种途径：通过亲子查阅资料等方式，调动并分享已有经验；幼儿园提供植物图书、图片、视频等以便幼儿初步了解植物相关知识，此外还邀请有种植经验的保安爷爷为孩子们讲解种植趣事儿。

（三）实施——让孩子参与其中

孩子是活动的主体。孩子们亲手播种种子，每天利用户外活动时间观察植物、照料植物。当发现问题时，一起想办法，寻找工具，共同解决问题，如发现"地裂了"，就接一根长长的水管，让植物"喝饱"水分。从种植中孩子们不仅积累了种植经验，还感受到了劳动带来的乐趣，养成了良好的劳动习惯和品质。

（四）见证——收获劳动的果实

在师生的共同努力下，小菜园迎来了大丰收。可是，如何处置食物又变成了难题。经过讨论，孩子们想到了很多的方法，最后大家一致决定：中班的哥哥姐姐负责担任小帮厨，小班的小朋友负责晒秋，托班的弟弟妹妹则是分享自己亲手摘下的小草莓。

每一次的体验都萌发出不可思议的学习兴趣和发展机会，孩子们的劳动素养在一次次的种植实践中得到了锻炼和发展。幼儿园的"种植园"作为幼儿园的隐性课程，增强了孩子们的社会责任感，丰富了孩子们的生活经验。在种植的过程中，孩子们相互分工、合作，积极主动地解决问题，通过亲身经历体会到了农民伯伯的辛苦，知道了粮食的来之不易，懂得了珍惜劳动成果和感恩，感受到了丰收的喜悦与分享的快乐，并学会了主动关心照顾他人，

"热爱劳动，热爱生活"的种子在孩子们的心中生根、发芽。

（长春市二道区教育第一幼儿园赫行米罗康城分园　吕东妮）

扫码观看《幼小衔接生活准备》视频片段

社会准备

实践探索

科学幼小衔接　聚焦社会准备

2021年，教育部印发了《关于大力推进幼儿园与小学科学衔接的指导意见》（以下简称《指导意见》），其中的《幼儿园入学准备教育指导要点》对幼儿的社会准备提出了具体、可操作的指导意见，将社会准备的发展目标确定为交往合作、诚实守规、任务意识、热爱集体四个方面的内容，并提出了相应的具体表现和教育建议。3~6 岁的学前阶段是幼儿离开家庭，开始走向集体生活和社会的第一步，正是幼儿形成正确的自我意识、养成良好的自我管理能力、逐步形成规范的社会意识、学习如何与人合作并共情的重要时期，社会准备的过程也是幼儿社会性不断完善并奠定健全人格基础的过程。因此，对正处于幼小衔接关键期的幼儿实施社会准备教育具有重要的价值和意义。

一、问题导向，确定课程目标

幼小衔接课程应该以解决现实问题为导向，以破解现实困境为目标。只有全面了解幼儿园、小学、教师、学生、家长等不同机构、群体对幼小衔接社会准备的观念、态度等，才能真正了解幼小衔接社会准备教育的重点和难点，研发高品质的衔接课程。

首先，立足儿童立场，应对大班幼儿社会性发展特点有所把握。大班幼儿的自我意识、社会交往能力、合作意识明显增强，规则意识逐步形成，社会适应能力也逐步提高。

其次，还应该对目前幼小衔接幼儿社会性发展的突出问题有所了解。我们基于此方面的研究实践，发放问卷，调查了解了大班幼儿社会性发展特点和影响一年级学生入学适应中社会性发展方面存在的主要问题。

表 1　大班幼儿社会性发展存在的主要问题

序号	主要问题	百分比
1	任务意识薄弱，不能有效地完成任务	74%
2	不会与同伴协商，合作能力较弱	70%
3	规则意识弱，对规则的执行力较差	68%
4	无法独立解决生活和游戏中出现的问题	65%
5	不会收拾、整理、保管自己的物品	65%

表2　一年级学生入学适应中社会性发展方面存在的主要问题

序号	主要问题	百分比
1	独立意识不强，遇到自己能解决的学习问题却还依赖成人	80%
2	需要在成人督促下才能完成作业	78%
3	任务意识缺乏，难以坚持做完一件事	76%
4	做事较拖拉，经常迟到或不能按时完成作业	67%
5	规则意识弱，常违反学校纪律	65%

　　自我意识、人际交往和社会适应能力这三个要素的发展，在大班幼小衔接中可以被具体化为以下重点：一是在活动中的计划性和自主性，二是同伴间协商合作、遵守规则、解决问题，三是幼儿任务意识和坚持完成任务的责任心。这三方面内容既是我们幼小衔接课程研究的问题导向，也是我们的课程目标。

二、注重体验，渗透社会情感

　　社会准备不仅仅是学习社会知识的过程，更是学习社会情感的过程。社会情感学习五维理论框架，包括自我认知、自我管理、社会认知、人际交往、做负责任的决定，在社会性发展中具有十分特殊而突出的价值。《幼儿园教育指导纲要（试行）》指出："社会学习具有潜移默化的特点，尤其是社会态度和社会情感学习，往往不是老师直接'教'的结果，幼儿主要是通过在实际生活和活动中积累有关的经验和体验而学习的。"可以说，幼儿的社会性发展过程就是幼儿在与周围环境、日常生活相互作用的过程。在体验中由表向质转化，将习得的社会认知转化为自愿自觉的社会行为。

（一）鹰架支持——培养计划性和自主性

　　养成做事有计划的习惯，并将这些经验迁移到未来的学习、工作、生活，乃至人生规划中，是幼儿终身发展的需要。基于"终身发展"的视角实施幼小衔接，我们为大班幼儿搭建了自主做计划的平台，老师和孩子们共同生成了关于"我们的计划"的课程故事。

　　"六一净月潭远足""夜宿幼儿园""图书义卖""毕业典礼"等活动，

都是孩子们自主策划的，虽然他们在趋向于合理性的路上还有一段距离，但欣喜的是他们正走在奔赴的路上。

（二）尊重接纳——促进规则意识和行为的形成

前期调研结果显示，大班幼儿规则意识弱，一年级小学生入学适应期间常违反学校纪律。可见，社会准备中促进幼儿规则意识和行为的形成至关重要。但只靠外力的约束，很难形成良好的自律行为。教师只有尊重幼儿的成长规律和社会情感学习的特点，接纳幼儿在矛盾冲突中制定的规则，让幼儿在体验中获得自我满足感，幼儿才能逐步形成良好的规则意识和行为。

（三）信任放手——提高有效完成任务的能力

孩子的信心很大程度上来自成人的信任，教师需要坚定地相信儿童，大胆把任务放手交给儿童。我园一共有三层楼，每月晾晒被褥、换洗床单都需要老师们上下楼搬运，中三班的老师就以此为契机，把任务交给了孩子们。结果大胆的放手和充分的信任，让搬运被子变成了有趣的事。

三、关注过程，聚焦师幼互动

师幼互动的质量直接影响幼儿个性和社会性的发展。幼儿园应把建立良好的师幼关系视为教师的首要任务，给幼儿充分的关爱、尊重和信任，这样才能更好地发展幼儿的个性和社会性。2022年，教育部印发了《幼儿园保育教育质量评估指南》，聚焦教育过程中的师幼互动，提出了7个考查要点。可见，高质量的师幼互动对幼儿全面发展的重要意义。我们在社会准备的衔接课程中侧重提升师幼互动的有效性，这也是近一年我园幼小衔接课程推进与落实的重点和难点。2022年末，我们有幸聆听了盖笑松教授关于"教育过程的质量"的专题报告，盖教授将师幼互动划分为三个领域：情感支持、课堂组织、教学支持，每个方面都包含若干个互动评估指标，31个class互动评估指标，为我们推进幼小衔接课程提供了可行性依据。

（一）情感支持，发展社会认知

情感支持领域包括13个评估指标：教师的情绪劳动；教师的积极情感；

尊重，而非否定；很少的惩罚性控制；关爱的、在乎的；心理安全氛围；胜任的；可信赖的；意识到此时此场合此人的需要；差异化地回应孩子需求；支持自主；赋权，鼓励成为小领袖；鼓励表达。

在社会准备的四个发展目标中，建议我们要引导幼儿热爱集体，激发幼儿爱家乡、爱祖国的情感。大班教师从了解祖国各地的文化开始，在情感支持方面，赋权幼儿，鼓励幼儿成为小小讲解员，介绍祖国各地民族文化；中班幼儿参观吉林省自然博物馆，以讲解员的身份为大家介绍恐龙的相关知识。教师有效的情感支持，让幼儿感觉到自己是可胜任的、可信赖的。

（二）活动组织，丰富社会情感

大四班饲养芦丁鸡已有数月，每天照顾和陪伴芦丁鸡是让孩子们非常开心的事。有一天，一只小灰鸡莫名其妙地死去了，这让孩子们十分伤心，他们在幼儿园的葡萄架旁为小灰鸡举行了葬礼，接着在班级中展开了一次关于死亡话题的讨论。虽然这样的活动离孩子们的生活经验较远，但却让孩子们感受到了生命的可贵，知道了尊重生命、敬畏生命，丰富了孩子们的社会情感。

（三）教学支持，促进社会行为

教学支持领域包括10个评估指标：促进概念理解的深化；引导分析和综合；联系现实生活；丰富多样的教学支架；充满信息价值的反馈；肯定性的反馈；高频率的个别对话；开放性的提问；重复和扩展儿童语言；有示范价值的高级语言。

在建构游戏中，孩子们合作搭建埃菲尔铁塔、港珠澳大桥及旋转餐厅，此时教师的教学支持表现在既有帮助幼儿联系现实生活、绘制图纸的启发，也有教师开放性的提问、充满信息价值的反馈，以及高频率的个别对话。当幼儿在搭建过程中遇到困难时，教师须通过丰富多样的教学支架启发幼儿，尝试多元路径解决问题，帮助幼儿拓宽思路，逐步建立高阶思维，走向深度学习。在区域游戏中，教师同样须以高质量的教学支持促进幼儿的亲社会行为，发展幼儿的人际交往能力和社会适应能力。

科学幼小衔接需要教师基于幼儿"终身发展"的视角转变课程观、儿童观，幼儿园课程变革所追求的目标最终是要通过教师教育行为的转变得以实现的。

在高质量发展的时代背景下，我们要做有社会担当、内心丰富的幼儿教师，想大问题，做小事情，建立正向的心灵秩序，拥有持续不断的内在动力。作为幼教工作者，我们要坚定职业信仰和教育情怀，用我们的责任担当去唤醒幼儿对社会的认知和情感，用我们的教育行为去影响幼儿的亲社会行为，引领孩子未来成为一名自主文明、和谐友善、平等互助、有责任担当、善于合作的社会人！

（东北师范大学附属实验学校首地幼儿园　计英姿）

典型经验

社会情感学习在入学准备中的渗透

幼儿园入学准备（社会准备）的探究以课程为载体，融入社会情感学习内容，尝试建构幼儿在社会准备课程中情感与社会性发展的典型经验。幼儿园充分发挥自身的资源与条件优势，通过"社会情感学习在入学准备（社会准备）中的渗透"的方式促进幼儿的情感和社会性发展，帮助幼儿全面地做好入学准备（社会准备），促进幼儿身心的健康发展。

一、社会情感学习在社会准备中渗透的价值

2019 年，我园跟随东北师范大学盖笑松教授参与美国耶鲁大学的社会情感学习项目，一方面，我们探索幼儿的情感与社会性发展，另一方面，我们探索社会情感学习与入学准备的融合。我们发现社会情感学习（SEL）与幼儿园入学准备中的社会准备有着紧密的联系。社会情感学习强调的是儿童在情感、

社交、道德和认知方面的发展，幼儿园入学准备中的社会准备侧重于幼儿在进入小学前所需的社会交往、自我调控、规则意识和专注坚持等关键素质的培养。社会情感学习的内容与幼儿园入学准备中的社会准备的融合，可以帮助幼儿更好地适应小学生活，促进其社会性发展。例如：自我意识和自我管理能力可以帮助幼儿更好地理解和控制自己的情绪；社交意识和人际关系技能则有助于幼儿在新环境中建立积极的人际关系；决策能力则是幼儿在小学阶段面对各种选择和挑战时所必需的能力。因此，社会情感学习与社会准备融合，呈现相辅相成的态势，成为共同促进幼儿在情感、社交和认知方面发展的有效策略，为幼儿顺利过渡到小学阶段打下坚实的基础。

二、社会情感学习在社会准备中渗透的典型经验与做法

自我管理是社会情感学习的核心组成部分之一，是指个体能够控制自己的行为、情绪和注意力，以达成既定目标的能力。它包括自我意识、自我调节、负责任的决策、目标设定、自我效能感等内容。社会准备是指儿童在进入学校之前需要具备的一定的社交能力和社会适应能力，这包括与同伴交往、遵守集体规则、表达自己的情感和需求、合作与分享等。社会情感学习中的自我管理内容与入学准备中的社会准备内容高度契合，因此，我们将自我管理在社会准备中进行渗透，以下是我们的具体做法。

（一）鹰架支持——培养幼儿自我管理的能力（计划性和自主性）

"鹰架支持"是指教师根据幼儿的学习水平和需求，提供适当的引导和帮助，协助幼儿逐步完成学习任务，并最终实现自主学习的目标。计划性和自主性是实现自我管理的重要基础，只有具备良好的计划性和自主性，才能有效地管理自己的行为、情绪和注意力，从而达成既定目标。

以大班活动"我们的计划"为例，将培养幼儿自我管理能力的具体实施策略做如下解读。

1.从易到难，逐步提升幼儿的自主性

教师根据大班幼儿的年龄特点和发展水平，选择合适的任务，并提供相应的鹰架支持。如：在起始阶段提供详细的计划模板，帮助幼儿制定计划；随着幼儿能力的提升，逐渐减少模板的细节，让幼儿自行设计计划；课程的进行中，鼓励幼儿尝试自己解决问题，并提供必要的帮助和指导。

2. 引导幼儿反思和总结

教师引导幼儿回顾完成任务的过程，反思自己的行为和情绪，并总结经验。如：询问幼儿"你觉得自己今天完成任务的情况怎么样？有没有什么地方做得比较好？有没有什么地方需要改进？"等问题，鼓励幼儿将自己的经验和感受分享给同伴，并通过同伴的反馈进一步完善自我管理能力。

3. 建立积极的反馈机制

教师及时对幼儿的进步给予积极的反馈，并鼓励幼儿继续努力。如：肯定幼儿制定计划的合理性、执行计划的坚持性以及解决问题的创造性。教师与幼儿一起制定评价标准，并根据标准对幼儿的自我管理能力进行评价。如：评价幼儿是否能够按时完成任务，是否能够保持积极乐观的心态，是否能够有效管理自己的时间等。

4. 创设支持性的环境

教师为幼儿提供安全、舒适、有序的学习环境，并确保幼儿能够获得必要的资源和信息。教师与幼儿建立积极的互动关系，与幼儿进行有效的沟通，并给予幼儿充分的信任和支持。

通过鹰架支持，培养幼儿的自我管理能力，帮助幼儿逐步建立起自主、自信、自律的良好品质，为幼儿的终身发展奠定坚实的基础。

（二）尊重接纳——促进幼儿自我管理能力的形成（规则意识）

前期调研结果显示，大班幼儿规则意识弱，一年级小学生入学适应期间常违反学校纪律。可见，社会准备中促进幼儿规则意识的形成至关重要。但只靠外力的约束，很难形成良好的自律行为，只有教师尊重幼儿的成长规律和社会情感学习的特点，接纳幼儿参与制定的规则，让幼儿在体验中获得自我满足感，才能逐步形成良好的规则意识。

以中班课程"一路'童'行，'骑'迹无限"为例，将促进幼儿自我管理能力形成的具体实施策略做如下解读。

1. 尊重幼儿的成长规律和特点

从幼儿的经验出发：交通规则的学习应该建立在幼儿已有的生活经验的基础上，利用幼儿熟悉的场景设置模拟的交通场景，进行交通规则的讲解和实践，体验交通规则的重要性。

创设游戏化学习情境：幼儿的学习方式以游戏为主，将交通规则融入游戏活动中，如模拟交通场景（道路、交通信号灯、斑马线等）、角色扮演（我是小司机、交通安全大富翁）等，让幼儿在游戏中理解和体验规则，理解不同角色的交通规则和行为规范。

尊重幼儿的差异性：幼儿的学习能力和理解水平存在差异，教师根据幼儿的实际情况，采用不同的方法和策略，帮助幼儿理解并遵守交通规则。

2. 接纳幼儿参与制定的规则

鼓励幼儿参与规则制定：教师引导幼儿讨论在骑行过程中遇到的问题，如"为什么会出现交通混乱的现象""我们应该如何解决交通混乱的问题""我们应该如何过马路""我们应该如何按照交通信号灯的指示通行"等，并鼓励他们提出解决问题的办法，共同制定交通规则。

尊重幼儿的规则：尊重幼儿制定的规则，引导幼儿理解规则的意义和作用，以及规则对维护秩序的重要性。

及时调整规则：随着幼儿的成长和学习，规则也需要不断调整和完善，教师应及时根据幼儿的实际情况进行调整。

3. 让幼儿在体验中获得自我满足感

提供实践机会：教师为幼儿提供实践交通规则的机会，组织幼儿进行模拟骑行活动，让幼儿在亲身体验中理解和遵守规则。

及时给予反馈：教师及时给予幼儿积极的反馈，肯定幼儿遵守规则的行为，增强幼儿遵守规则的自信心和自我满足感。

创设安全环境：教师为幼儿创设安全的学习环境，如在幼儿园设置安全标识、为幼儿提供安全的骑行设备等，让幼儿在安全的环境中学习和实践交通规则。

通过以上方法，我们帮助幼儿理解并遵守交通规则，培养幼儿的自我管理能力，促进幼儿的全面发展。

可见，社会情感学习中的自我管理内容是入学准备中社会准备的重要组成部分。通过在入学前将自我管理在社会准备中进行渗透，儿童能够更好地适应学校生活，建立积极的人际关系，做出符合学校和社会规范的选择，明确学习目标，制定学习计划，并在学习和生活中取得成功。家庭、学校和社会都应该重视儿童的社会情感学习，为他们提供支持和资源，帮助他们全面地做好入学准备（社会准备），促进幼儿身心的健康发展。

（东北师范大学附属实验学校首地幼儿园　刘聃）

优秀案例

我们的计划

一、活动实录

关于"毕业"的话题讨论。

凯米："我有好多事情要在离开幼儿园之前完成，需要制定个计划才行！"

大维："什么是计划？"

于是小朋友们就"计划"展开了讨论。

豆豆："计划就是一个具体的事情，需要规划一下，用笔记本记录下来。"

讨论结束后小朋友们都认为做事应该有计划，由此，"我们的计划"旅程开启了。几个小朋友围在"幼儿园活动计划表"前仔细地观察着。果冻把我叫过来说："郭老师，你看！这个计划表里有年月日、有星期、有活动时间，还有老师要和小朋友做的活动，我觉得我们的计划就应该这样做。"

　　追随着自己的兴趣，他们首次制作计划表。处女作反映了孩子们关于"计划"的思考，当然，也反映出许多问题。如格子太多画不完，需要重新做一个计划表。于是我问道："重新做计划表，如何避免刚才出现的问题？"果冻激动地说："我想用四等分的方法，就是画出个'十'字！"果冻的想法得到了其他小朋友的赞同，他们纷纷表达"这个方法不错"。确实，格子数量的减少使计划表的表征更加清晰。

　　凯驿小朋友分享了他想去迪拜的计划，肉肉回应："你计划到迪拜，你真的能去呀？"凯驿："我也不太清楚，得回家问问妈妈。"第二天凯驿拉着我的手说："郭老师，我把我的计划和爸爸妈妈说了，他们说今年不能去，明年也去不了！"我看出孩子的沮丧，引导他说："近期，你有没有想要做的事情呢？"凯驿眼前一亮，迅速地回答说："我想练习跳绳。"此时的他就像找到了宝藏一样喊道："第一天先跳10个，第二天……"从他肯定的眼神和洪亮的声音来看，我觉得他的计划已具备了可能性。

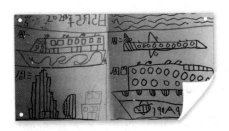

经过讨论、制定、再讨论、再制定……小朋友们的计划已经初具雏形，接下来就是实施阶段啦！我问："你们的计划实施得怎么样呢？"

枣枣："郭老师，我没有完成我的计划。"

我："是什么原因导致你的计划没有完成呢？"

枣枣："我本来计划今天和果果在家里玩，但是果果刚到我家就被接走了。"

我鼓励孩子说："虽然很多因素会导致计划有所变化，但这都是正常的，对于你们制定计划的合理性，郭老师是非常肯定的，坚持按照计划做事情，最终，你会发现一个不一样的自己。"

二、案例分析

（一）尊重幼儿的需要，协助幼儿进行自我管理

教师根据大班幼儿的年龄特点和发展水平，选择合适的任务，并提供相应的支持。在"制定计划"的活动中，教师尊重幼儿的需要，支持幼儿自主制定计划的方式，让幼儿更加清晰自己想要做什么、怎样做、为什么这样做，进而推动活动的顺利开展。在制定计划、反思计划、调整计划、实施计划的螺旋式上升过程中，促使幼儿进行自我管理，包括了自我意识、自我调节、负责任的决策、目标设定、自我效能感等，帮助幼儿逐步具备做事情的计划性和自主性，有效管理自己的行为、情绪和注意力，从而最终实现自主学习的目标。

（二）尝试与放手，反思与总结

在制定计划时，幼儿将自己的想法、经验通过表征呈现出来。在实施中，幼儿以计划为载体，按照自己制定的计划表内容实施计划。在反思中，幼儿以计划为支架，有效地进行评价、分享。

教师引导幼儿反思自己在活动中的行为和情绪，并总结经验。鼓励幼儿将自己的经验和感受分享给同伴，并能通过同伴的反馈进一步完善自己的

计划，发展自我管理能力。

（三）鼓励与肯定，建立积极互动关系

及时对幼儿的想法和进步给予积极的反馈，并鼓励幼儿继续努力。肯定幼儿制定计划的合理性、执行计划的坚持性以及解决问题的创造性。教师与幼儿进行有效的沟通，并给予幼儿充分的信任和支持。

养成做事有计划的习惯，并将这些经验迁移到未来的学习、工作、生活，乃至人生规划中，是幼儿终身发展的需要。他们在"操作""掌握""意义"的"3M"模式中使"计划"更具科学性、合理性、人文性。幼儿在充满创造的空间里，不断管理自己、觉察自己、规划自己，学会淡定而从容地拥抱一切变化……

（东北师范大学附属实验学校首地幼儿园　郭春蕾）

一路"童"行，"骑"迹无限

一、活动实录

骑行三轮车是幼儿喜欢的游戏项目之一，每当户外活动时间，孩子们都会在操场上骑着三轮车你追我赶。由于三轮车的数量有限，大家提出将家里的自行车带到幼儿园。于是，孩子们陆续将自己的自行车带到了幼儿园。

自行车数量的增加充分满足了孩子们的骑行需求，但在骑行的过程中经常出现相撞的现象，导致骑行存在安全隐患。我与孩子们实地勘察、讨论、思考解决问题的办法，以下是孩子们商讨的结果：1. 在操场上用绳子做双向车道和小车行驶的路标，并规划出停车的场地与位置。2. 在转弯的路口和道路中段分别设置一个红绿灯，提醒"小司机"在骑行时遵守交通规则。

3. 由小朋友们扮演小交警，负责指挥交通，缓解交通压力，对于违反交通规则者及时进行制止和劝导。

按照大家商讨的结果，我和孩子们对骑行的场地进行了环境布置，增加了车道、路标、停车场、红绿灯等内容。幼儿对新环境充满好奇，迫不及待地冲向新场景中，再次投入骑行。起初孩子们能够按照场景的提示进行骑行，随着游戏的不断发展，违反交通规则的情况不断出现。是什么原因导致了这些现象呢？孩子们在集体讨论中表达了自己的想法：没有驾车行驶的经验，骑行技术不足，对交通标识牌的理解和践行还不够；日常的骑行范围多在小区、公园等空旷的场地，极少会承担违反交通规则的后果，因此，无法更好地遵守骑行的交通规则。

于是，我们一致决定，设置驾驶技能考试。孩子们问："要考什么呢？"有人提议："不如看看大人考摩托车驾照的时候都要考什么，我们借鉴借鉴。"观看驾考视频、学习交通法规成为我们那些天活动中不可缺少的内容。我们将原有的游戏场地改建为"考试场地"，每天闲暇时间孩子们都会到场地上练习驾驶技术，通过"考前练习"，孩子们的驾驶水平都得到了提高，游戏中也很少再出现碰撞的现象了。

驾驶技术提高了，理解交通标识牌成为孩子们探索的内容，幼儿园随处可见孩子们制作的标识牌。我问："这些标识牌在生活中有什么作用？"孩子们纷纷说："标识牌能提醒大家遵守规则。"我接着问："为什么生活中我们要建立规则呢？如果没有规则会怎样呢？"孩子们说："规则能保护自己，规则能让生活更有秩序……"

此次活动，孩子们发现除了骑车时的交通规则，我们的生活处处都存在着规则，建立规则是为了解决生活中的问题，让生活变得更加有秩序。

二、案例分析

幼儿时期是一个人成长的关键时期，也是培养自我管理能力的重要时期。自我管理是社会情感学习在社会准备中渗透的重要能力，同时也对幼儿的后继学习和终身发展具有重要的影响。规则和目标是学习自我管理的基础和重要内容，本次活动我对幼儿的行为做出如下分析。

（一）识别和了解自己的情绪

孩子们在骑行游戏中出现争吵和碰撞时，会表现出生气、沮丧等情绪。教师引导幼儿表达自己的情绪，并帮助他们理解这些情绪产生的原因。

（二）调节自己的情绪

通过制定规则、学习交通法规等方式，孩子们学会了如何控制自己的行为，避免情绪失控。

（三）设定并实现目标

孩子们制定了骑行规则，并通过驾驶技能考试等方式努力提高自己的驾驶水平，最终实现了有序骑行的目标。

（四）管理自己的行为

孩子们会根据规则和红绿灯的指示骑行，遵守交通规则，保证安全。

通过制定规则、学习交通法规、参加驾驶技能考试等方式，孩子们学会了控制自己的行为，能够通过遵守规则提高自我管理能力。同时，懂得了生活中处处有规则，在幼儿园、家、公共场所都要遵守规则，从小树立规则意识。教师引导幼儿从"他律"转为"自律"，培养幼儿的责任感和同理心。孩子们会在问题冲突中意识到自己的行为会影响他人，因此会主动遵守规则，并帮助其他人理解规则，发展自我管理能力。

（东北师范大学附属实验学校首地幼儿园　高嫡）

扫码观看《科学幼小衔接　聚焦社会准备》视频片段

学习准备

实践探索

和润教育，助力幼儿学习准备

科学的学习准备不仅应该关注知识的衔接，更应该关注幼儿学习兴趣、学习习惯和学习能力的培养及衔接，为其终身发展提供持续学习的原动力。吉林省省直机关第三幼儿园以和美环境、和润教育、和睦家园的"三和文化"为引领，以"引发兴趣—形成习惯—催生能力"为路径，探索有效的幼小衔接教育策略，帮助幼儿全方位做好学习准备，为其终身学习和发展奠定良好基础。

一、引兴趣，为学习准备"启引擎"

兴趣是幼儿学习的内驱力，是幼儿终身发展的"情感基础"，幼儿园将兴趣作为学习准备的"牵引"与动力，将兴趣贯穿学习活动始终。在活动过程中根据幼儿兴趣不断调整、生成新的探究内容，培养幼儿参与活动"高度的积极肯定的态度"，为幼儿适应小学科目学习做准备。

（一）探究兴趣唤起内驱力

探究兴趣能够引发幼儿主动学习，促使幼儿乐于尝试、敢于探索、勇于挑战，增强幼儿学习的主动性与能动性。幼儿园充分利用园所、家庭、社区等资源，以幼儿的兴趣为点，以探究的问题为线，开展"参观图书馆""探秘自然博物馆""走进胜利公园""探索科技馆"等丰富的实践活动，通过活动前的讨论与计划、活动中的感受与操作、活动后的分享与反思，将幼儿生活与社会生活相关联，将间接经验与直接经验相融合，将被动接受与主动探索相连接。如创设科学角、开展科学小实验、记录动植物的生长……通过观察、记录、猜想、验证，拓宽幼儿视野，增强幼儿探究欲，引导幼儿在大自然、大社会中探索世界，寻找答案，让教育回归真实的生活，满足幼儿的探究欲望。

（二）阅读兴趣培养内驱力

良好的阅读兴趣不仅使幼儿视野开阔，知识增长，同时可以激发幼儿良好的语言表达能力，增强其思维的广阔性、逻辑性与灵活性。幼儿园设置阅读室，班级创设阅读区域，提供沙发、靠垫及多种类别的图书绘本，让幼儿在温馨安静的环境中自主阅读。为了满足其语言发展需求，根据幼儿感兴趣的绘本图书投放故事盒子、手偶、表演道具等游戏材料，鼓励幼儿进行故事创编、表演，激发阅读兴趣。幼儿园定期开展"诗词故事大会""经典童话剧场"等活动，让幼儿感受中华传统文化的魅力，丰富幼儿多元的阅读经验。此外通过"读书漂流""故事妈妈""我家有了读书会""晒晒小书架""读书有约"等活动将阅读延伸至家庭，扩展幼儿阅读空间，让阅读成为幼儿的一种习惯。

（三）文字符号增强内驱力

《幼儿园入学准备教育指导要点》明确指出："应保护幼儿对符号、文字的兴趣和敏感性。"大班下学期，教师有意识地提供多种类型的书写材料，鼓励幼儿记录心情日记，将自己每天最难忘的事情以图文并茂的形式进行记录。每天离园前，幼儿都会在自己的小本上将老师和同伴发布的一个小任务记录下来，回到家里复述给爸爸妈妈听，并按时完成任务，在坚持中不断提高运用文字符号记录的能力，提升任务意识；另外，教师鼓励幼儿利用文字和图画制作区域标识、区域规则，设计班级名牌、绘制名片和邀请函及家长会座位牌等，感受文字符号在日常生活中的功能和意义，潜移默化地做好了前书写的准备。

二、养习惯，为学习准备"奠基石"

学习习惯是学习过程中出现的一种稳定的、自动化的行为模式，能够帮助幼儿保持高效的行动力，良好的学习习惯是有效学习的基础，能够促成学习效果的最大化发挥。专注力、计划性、独立思考等学习习惯的养成，有助于幼儿入学后更好胜任新的学习任务，且受益终生。

（一）专注"留住"行动力

专注力作为幼儿关键的学习品质，是幼儿入学后提高学习效果的保障，是他们坚持完成学习任务的必要条件，是入学准备的关键衔接点，需要教师在一日生活的各个环节有意识地进行培养。例如，教师在区域中投放七巧板、拼图、迷宫游戏材料，幼儿通过与游戏材料互动提高专注力。又如，有计划地组织幼儿开展绘本微主题活动，通过分享《如果你想看鲸鱼》绘本故事，鼓励幼儿参与多米诺骨牌大赛、创意剪纸、沙漏一分钟、找不同、花样拍球等游戏。再如，和父母一起调查参访，了解生活中专注的人和职业。微主题活动的开展让幼儿在互动、操作、探究中感受专注的重要，在一日生活中逐渐形成专注的学习品质。

（二）计划"厘清"行动力

计划性作为一种良好的行为习惯与生活情态，能够增强幼儿责任意识、反思能力、自主管理意识、做事条理性与时间观念，从而促使幼儿高效率与高质量完成任务。教师引导幼儿在学习活动、生活活动、游戏活动中通过思维地图、绘画等方式制定计划，形成活动设计思路，从而加强时间观念，增强自控能力。幼儿园将活动计划分为学习类、生活类和游戏类。鼓励幼儿制定读书、主题、参访等学习计划；制定整理、饮食、值日等生活计划；制定区域、体能、节日等游戏计划。幼儿合作讨论、制定计划，愉悦自主地参与到活动中，所获得的有益经验也将迁移到未来的学习、工作、生活中，且受益终生。

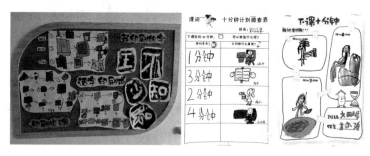

（三）独立思考"强化"行动力

独立思考能帮助幼儿在遇到问题时，积极思考、冷静分析、自主解决问题，是幼儿后继生存与学习的必备品格。幼儿进入小学后，学习方式以及人际关系都会与幼儿园有一定的差别，他们需要独立面对和解决问题。因此，在入学准备活动中，幼儿园会重点培养幼儿独立思考能力以及对事物的判断能力。如：在进行区域游戏时，教师会鼓励幼儿自己选择游戏角色、游戏环节、游戏方式；在主题探究中，教师为幼儿提供大胆表达的机会，鼓励他们说出不同的答案，发表不同的想法；"六一"儿童节，幼儿可以自己设计游戏项目、舞台布置以及自助餐的食谱；毕业照片幼儿可以自己决定和哪个小朋友合影、摆哪些造型；幼儿之间发生冲突时，教师也并不急着扮演裁判的角色，而是让幼儿自己或者与他们一起思考如何解决冲突。幼儿在自主选择、探索、表达中逐渐形成独立思考的习惯。

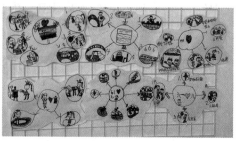

三、强能力，为学习准备"强续航"

学习能力能够帮助幼儿持续、自觉、稳定地指导自己的学习行为，促使幼儿更加投入、主动、持久地学习，高效地与环境互动，吸收新知识，掌握新技能，产生显著的学习效果。

（一）"慧"倾听，提高语言表达能力

倾听是幼儿理解与感知语言，表达是幼儿表现与传递信息。倾听与表达是幼儿学习与发展的基本条件。幼儿具有良好的倾听与表达能力，拥有着良好的人际关系、丰富的知识以及健全的社会性人格，对其终身发展有着重要作用，将为幼儿日后的有效学习奠定基石。幼儿园开展"围裙故事""会讲故事的妈妈""故事小讲团"等活动，将文学作品以不同的形式表现出来，激发幼儿倾听的兴趣，养成倾听习惯。在主题活动中，给予幼儿说的机会，鼓励幼儿的"N"种表达；开展辩论赛、童话剧、新闻播报等活动，扩展幼儿语言经验，培养幼儿良好的语言表达能力。

（二）"乐"动笔，激发幼儿书写兴趣

《幼儿园教育指导纲要（试行）》指出，要"培养幼儿对生活中常见的简单标记和文字符号的兴趣。引发幼儿对书籍、阅读和书写的兴趣，培养前阅读和前书写技能"。《3~6岁儿童学习与发展指南》关于语言领域中阅读与书写准备，提出要"具有书面表达的愿望和初步技能"。学前阶段幼儿对文字系统及书写特征的探索与尝试，为未来的读写发展奠定了基础。

幼儿园通过开展线描画、添画、涂色、剪贴、拼插、编织等丰富的游戏活动，锻炼幼儿的精细动作，促进其手眼协调，做好前书写的准备。在汉字主题中，开展"名字画""文字表情大变身""文字创意画""米中写字""运用笔画特征进行创意组合画"等活动，幼儿大胆地用图形、线条或笔画表达情感、传递信息，感受汉字一横一撇一捺带来的魅力，体验文字书写的乐趣，锻炼前书写技能，构建前书写经验。

（三）"玩"数学，提升解决问题的能力

数学是人类对客观世界的抽象概括，与科技发展、社会进步密切相连，也与幼儿日常生活紧密相关。在数学活动中，教师通过生活实践、游戏操作、问题解决等方式，引导幼儿感知数学的有用与有趣。发展幼儿抽象性、逻辑性、辩证性以及广泛的应用性思维。例如：在"汉字探秘"主题活动中，幼儿统计家人和幼儿园小伙伴的姓氏，发现最多的姓和最少的姓；班级创设天气预报、"我"的出勤、植物园地等教育环境，提供日历、钟表、测量工具，鼓励幼儿在"数"的环境中，进行记录、测量，合理地规划自己的活动时间；支持幼儿发现、尝试解决日常生活中的数学问题，如用人民币购物，学会看保质期，在生活中发现图形等。在实践操作中，让幼儿充分感知数学的有用，锻炼逻辑思维能力，为其他领域深入学习奠基。

　　幼儿学习兴趣、学习习惯和学习能力的培养及衔接，不仅可以帮助幼儿全方位做好学习准备，同时也为幼儿提供了持续学习的原动力，为其全面发展奠定良好基础，让幼儿受益终生。

（吉林省省直机关第三幼儿园　张巍　李宝英）

参考文献

　　[1] 钱峰，汪乃铭. 学前心理学 [M]. 上海：复旦大学出版社，2011：136.

　　[2] 申仁洪. 学习习惯：概念、构成与生成 [J]. 重庆师范大学学报（哲学社会科学版），2007（02）：112-118.

典型经验

在汉字探秘中做好学习准备

　　学习准备是入学准备重要的衔接点，教育部《关于大力推进幼儿园与小学科学衔接的指导意见》提出学习准备四个发展目标：好奇好问、学习习惯、学习兴趣、学习能力。因此，科学的学习准备不仅是知识的衔接，而应是全面的准备。吉林省省直机关第三幼儿园在实施主题探究活动过程中，逐步形成了"兴趣引—游戏学—实践用"的教学路径，帮助幼儿全方位做好学习准备，为其终身学习和发展奠定良好基础。

以幼儿园"汉字探秘"主题探究活动为例，大班幼儿正处于幼小衔接的重要阶段，对生活中的汉字和符号感兴趣，基于幼儿对汉字的好奇心，教师将中国汉字有效地融入幼小衔接活动中，帮助幼儿积累前识字和前书写的核心经验。

一、支持图文表征，提升幼儿深度学习的能力

《幼儿园保育教育质量评估指南》指出：重视幼儿通过绘画、讲述等方式进行表达表征，让表征和一对一倾听"有据可依"。表征是幼儿表达自我的方式。幼儿的表征首先应是积极主动、愉悦自愿的行为，应来源于丰富的生活、充实的经验。大班幼儿的表征行为是从形象思维向抽象思维转化。随着幼儿语言表征能力的不断提高，活动中教师鼓励幼儿尝试具有挑战性的图文表征方式，同时支持他们的合作学习，运用合作式表征的方式记录经验和发现。从幼儿的图文表征中，教师了解到幼儿的学情，及时提供适宜的教育支持。

在"汉字探秘"主题探究活动中，幼儿合作记录生活中发现的汉字，聆听仓颉造字的故事，记录汉字的演变过程，了解象形文字后迫不及待地创编故事。幼儿的图文表征表达了他们对汉字的感知与理解，也是深度学习发生的过程。与此同时，教师提供丰富的工具，如：铅笔、油画棒、水彩笔、毛笔、碳素笔等，让幼儿充分利用工具完成表征，提高运笔控笔的能力，在提升幼儿抽象思维的同时，也激发了幼儿前书写的兴趣。

二、抓住教育契机，满足幼儿持续探究的兴趣

陶行知先生认为：生活无时不含有教育的意义，将生活作为教育的资源库才会使得教育不狭隘，才会广阔有生机。因此，在主题研究活动实施过程中，教师抓住教育契机，充分利用园所、家庭、社区等资源，以幼儿的兴趣为点，以探究的问题为线，让教育回归真实的生活，满足幼儿的探究欲望。

在"汉字探秘"主题探究活动中，教师及时发现幼儿的兴趣点，将活动延伸至家庭和社会。幼儿在超市、图书馆、商场、马路旁及家等场所中不断发现汉字，感知汉字的功能，对探索汉字的秘密充满兴趣。每个人都有姓氏，到了大班，幼儿也开始学习书写自己的名字，因此，姓氏大调查活动又随着幼儿兴趣的产生如火如荼地开展起来。幼儿对姓名有了了解后，又对名字中的"姓"产生了关注。于是通过调查和讨论，幼儿了解了姓氏的由来、传承以及各种各样的姓——单姓、复姓、三字姓、四字姓、少数民族的姓和外国人的姓……从而深刻地感受到有关姓氏的独特性和丰富的文化内涵，潜移默化地做好了前识字的准备。

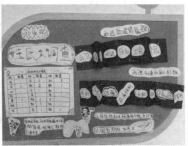

三、鼓励大胆质疑，培养幼儿独立思考的习惯

善于提问、敢于大胆质疑的幼儿往往会具有更加积极的学习态度。他们会独立思考问题，寻找答案，也会更加主动地参与到学习中。因此，要鼓励幼儿勇于质疑，培养他们的思辨能力及独立思考的好习惯，这在幼儿成长的过程中尤为重要。

在"汉字探秘"主题探究活动中，幼儿已经了解了汉字的演变，那么古代的汉字好用吗？为什么呢？幼儿认真思考，大胆说出自己的想法，一场激烈的辩论赛也由此产生。在"汉字回家"的游戏中，幼儿对"鑫"这个字的结构产生了质疑，于是他们回到家里查找答案，发现了三叠字的字体结构。这时幼儿又提出："还会有四叠字吗？"针对幼儿的质疑，教师给予了充分的肯定，鼓励他们继续探究，最终幼儿发现了四叠字的秘密。另外，在开展活字印刷术的活动时，幼儿也同样提出了疑问："为什么印出来的字都是反的呢？"这个发现引起了小轰动，老师给予幼儿充分思考的时间，幼儿通过反复操作终于找到了答案。原来要"反"着刻画才能印出"正"的文字。在尊重和支持中，幼儿保有探究的兴趣和欲望，形成好奇好问、独立思考的思维习惯。

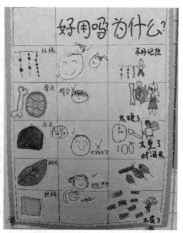

四、重视学以致用，拓展幼儿实践运用的形式

学习准备要实现的教学目标就是为了让幼儿学以致用。不仅在活动中沉浸式地去理解，还能与生活紧密相连，使幼儿能灵活运用所学内容，建立起学以致用的意识，让幼儿逐步理解学习就是为了更好地解决生活中的问题，用学到的本领服务自己、服务他人，从小正视学习的意义。

在"汉字探秘"主题探究活动中，教师充分抓住幼儿学习的意义，开展制作书简的活动。幼儿在自己制作的书简上利用图画、符号以及文字进行书写；结合四大发明幼儿制作花瓣纸张，在自制的纸张上进行绘画；他们兴趣盎然地制作阅读区的《甲骨文故事盒》，利用学到的象形文字创编故事；设计家长会座位牌、绘制名片和书签等等，在实践中运用文字，表达感受，传递信息，做好前书写准备。

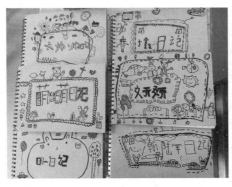 

学习准备是幼小衔接中重要的内容，幼儿园要始终遵循儿童本位的教育理念，用发展的眼光看待幼儿的成长，鼓励幼儿在活动中专注地思考、细致地观察、创造地生成，为幼儿后续学习和终身发展做好全面的准备。

（吉林省省直机关第三幼儿园　张巍　李宝英）

优秀案例

探秘叠字

一、活动实录

汉字在幼儿的生活中无处不在，超市、图书馆、商场、马路旁及家中，幼儿到处都会发现汉字。在"汉字探秘"主题探究活动中，幼儿深刻感知了汉字的功能与意义，对探索汉字的秘密充满了兴趣。

（一）探秘字的结构

幼儿在活动中认识了自己或同伴的名字，也学会了书写自己的名字。这天，淇淇指着自己水彩笔袋上的名字说："洋洋，你看我名字里的'淇'和你的'洋'一样有三个点点。"从孩子们的对话中能看出他们对字的偏旁部首以及结构很好奇。

通过观察，他们发现自己的名字和其他小朋友的名字里面有相同的字；有的发现两个不同的字却有着相同的部位；更有细心的小朋友发现名字中有的字是由两个字合在一起组成的汉字。通过调查，孩子们了解了中国的汉字结构是不同的，有左右、上下、左中右、上中下、半包围、全包围等结构。在组字游戏中，幼儿手持汉字的一部分，开始找朋友，通过自己的分析将字宝宝送回各自的"结构家"。

（二）好玩的多叠字

在游戏过程中，幼儿发现小朋友名字里的"鑫"这个字貌似无家可归。"'鑫'是什么结构的字呢？"教师鼓励幼儿和爸爸妈妈一起去查找答案，于是他们发现了"品"字形的字！幼儿收集到了很多"品"字形结构的字，并分成小组将自己发现的字都写了出来。

经验记录的环节如火如荼地进行着，幼儿有的说，有的画，有的准备做讲解员，分工明确，井然有序。在分享的过程中，有的小朋友提出了疑问：

"'品'是好多口的意思吗？'森'是好多木的意思吗？'焱'是好多火的意思吗？"幼儿对三叠字的意思产生了好奇。于是我们又开展了"三叠字的秘密调查"这一活动，幼儿与爸爸妈妈一起查找三叠字，幼儿将调查结果与大家分享，他们总结道："淼"表示水域很广、水势很大；"森"是树很多的意思；三个火在一起，火就很多了；三个马在一起，马就很多了……在开心的交流中幼儿体会到了三叠字的内涵。明明说："三个字叠在一起就多了，那我想要快乐多一些，我就把三个乐字放一起。"浩浩最喜欢车，他说："我想要玩具车多一些，我要把三个车放一起。"乐乐说："我想要朋友多一些，我就把三个友放一起。"于是孩子们把对自己、对家人、对朋友、对老师的美好心愿通过三叠字的形式表现出来。

"有没有四、五、六……叠字呢？"幼儿提出了新的疑问，于是他们不断地收集资料，真的找到了多叠字。

二、案例分析

在"探秘叠字"主题探究活动中，教师追随幼儿兴趣，以幼儿发现"品"字形字开启主题，拓展学习空间，以幼儿为主体，转变幼儿学习方式，培养幼儿学习思维，为幼小衔接做好学习准备。

（一）追随兴趣，生发活动

兴趣是幼儿探究的基础，教师将兴趣贯穿活动始终，在活动过程中根据幼儿兴趣不断调整与生成新的活动。从幼儿发现三叠字—感知三叠字的意思—设计三叠字—寻找多叠字，每一个环节都追随幼儿兴趣点不断生成新的探究点，使其保持对活动极强的参与度。

（二）总结分析，发展归纳能力

幼儿通过观察三叠字的结构及查找三叠字的含义，总结出"三叠字表示程度内涵"的结论，从而分析出更多三叠字的意思。在这一过程中，幼儿通过不同三叠字的区别与联系，归纳出三叠字的共有特征，得出一般结论，发展了归纳总结能力。

（三）迁移运用，发展高阶思维

迁移运用是学习的最终目的。"探秘叠字"引导幼儿深刻认识"品"字形结构后，将主题进一步深入与延伸，以寻找三叠字的意义为进一步的探究点，将三叠字与愿望、心情相联系，引导幼儿设计三叠字，体会不一样的"表征"。幼儿了解了三叠字是表示"更多"的意思，从而将这一经验迁移运用，设计三叠字，如通过三个"车"表达自己想要更多玩具车，通过三个"乐"表示更快乐，通过三个"友"表示很多好朋友……幼儿运用三叠字表达自己的想法与心愿，学习用符号进行表征，在迁移运用中，用"一种学习影响另一种学习"，发展了迁移运用的高阶思维。

（四）丰富学习途径，激发学习兴趣

丰富的学习途径能够充分调动幼儿参与活动的主动性和积极性。活动中，教师引导幼儿通过同伴互动分享、网络信息共享、图书资源查阅等途径，深入探究叠字的秘密，解决困惑问题，开拓思维眼界，让幼儿在丰富多样的途径中认识三叠字，发现四叠字、五叠字、六叠字等，进行主题的深度探究，不断激发幼儿学习热情。

（吉林省省直机关第三幼儿园　张巍　李宝英）

独一无二的家长会

一、活动实录

"汉字探秘"主题探究活动在如火如荼地进行中，幼儿兴趣盎然地沉浸在汉字的世界中，用自己的画笔记录每一天发生的趣事、为班级的区域设计标识、在自己的彩笔袋上写上名字……随着班级家长会的到来，孩子们也开始忙碌起来了。

（一）关于邀请函的讨论

老师将召开家长会的通知告诉给了全班小朋友，并提出问题："班级要举行家长会，小朋友可以用自己的方式邀请爸爸妈妈来参加家长会，你们有什么好主意吗？""可以直接告诉爸爸妈妈。""我们可以写个纸条给爸爸妈妈。""我不会写字怎么办？""可以画出来呀。"小朋友在讨论中最后达成了共识，决定为爸爸妈妈设计家长会邀请函。

教师再一次抛出问题："小朋友们要在邀请函上写清楚哪些事情呢？"孩子们又七嘴八舌地开始讨论起来："肯定得让爸爸妈妈知道开家长会的时间。""对，还要告诉他们在哪开。""是谁邀请的也得画上……"经过讨论，幼儿分小组绘画了《邀请函里有什么》思维导图，最终确定邀请函的内容包括时间、地点、事件与邀请人。

（二）设计制作邀请函

幼儿了解了家长会邀请函的内容后就开始设计制作邀请函了。教师提供了丰富的工具，如：铅笔、油画棒、水彩笔、碳素笔等，让幼儿自主选择工具完成表征，提高其运笔控笔的能力。幼儿在卡纸上用文字和符号进行表征，用自己的方式书写着家长会的相关内容，时不时还和旁边的小伙伴进行着交流。教师给予幼儿充分的时间，保护着幼儿的前书写兴趣。邀请函的内容基本完成，可是孩子们对画面还不够满意，于是他们在美工区寻找材料进行装饰，一张张独一无二的邀请函就这样完成了。

随着邀请函的制作完成，问题又来了："爸爸妈妈来参加家长会还可能遇到哪些问题？可以提前做好哪些准备？""爸爸妈妈有可能找不到开家长会的地方。""他们不知道自己的座位。""可以给爸爸妈妈准备一瓶水……"接下来幼儿为家长会设计了方向指示牌、个性名牌、专属矿泉水，还给爸爸妈妈写了一封信。幼儿用自己独特的表征方式，设计了独一无二的家长会，在实践运用中发展了前识字和前书写的核心经验。

二、案例分析

表征是幼儿表达自我的方式。幼儿的表征首先应是积极主动、愉悦自愿的行为，应来源于丰富的生活和充实的经验。大班幼儿的表征行为是从形象思维向抽象思维转化。在"家长会我做主"活动中，教师敏锐地捕捉到教育的契机，鼓励幼儿尝试具有挑战性的图文表征方式，在实践操作中激发幼儿的前书写兴趣，在迁移运用中，增强幼儿的学习能力。

（一）在实践中发展前识字和前书写核心经验

前识字和前书写既是书面阅读的重要内容，同时也是入学准备的重要组成部分。教师要在有趣、有意义的情境中激发幼儿的兴趣；在游戏、操作中发展幼儿的技能。在家长会活动中，幼儿通过设计邀请函、方向指示牌、个性名牌、签到头像、给家长的信等活动，在生活化、有用的情境中应用前识字和前书写核心经验。

（二）在与环境互动中发展学习能力

环境是支持幼儿学习与发展的"隐性课程"，在准备家长会活动中，教师与幼儿一起创设环境，时刻树立儿童为主体的思想，将儿童视为活动与环境的主人，让儿童参与到环境创设与活动设计中，引导幼儿在与环境的互动中、在亲身实践中获取知识、获得发展，拓宽幼儿的视野与知识面，培养幼儿的好奇心与学习兴趣。

（三）在表征中梳理思维过程

大班幼儿的表征行为是从形象思维向抽象思维转化。随着幼儿语言表征能力的不断提高，教师在活动中鼓励幼儿尝试运用具有挑战性的图文表征方式设计邀请函、名牌、给家长一封信等，同时支持他们的合作学习，运用合作式表征的方式记录经验和发现，梳理自己的思维过程。从幼儿的图文表征中，了解幼儿的学情，及时提供适宜的教育支持。

（四）在合作讨论中发展思维能力

《幼儿园教育指导纲要（试行）》指出："在生活、学习、游戏中，形成初步的合作意识。"培养幼儿合作意识与合作能力是教育的重要目标。在准备家长会活动中，幼儿在小组讨论时不同主体协同合作，达成一致意见，最终完成任务。在讨论准备家长会这一过程中，幼儿会在应对与自己看法不一和处理矛盾的实践过程中，进行思想交流、深度思考，不仅强化了人际交流与合作意识，同时发展了思维能力。

（吉林省省直机关第三幼儿园　张巍　李宝英）

我的名字

一、活动实录

每个幼儿都有属于自己的名字，每个名字都蕴含着不同的意义。在"汉字探秘"主题探究活动中，幼儿对自己独特的名字好奇满满。基于孩子的兴趣点，班级开启了一场关于"姓"与"名"的探索之旅。

（一）姓是什么

姓氏具有悠久的历史，具有传承的意义。幼儿首先对自己的名字进行了调查，了解到名字的由来、意义。随着幼儿对名字的了解，教师提出问题：

"你们知道自己姓什么吗？"最终幼儿总结出姓就是名字中的第一个字，姓的后面是名。

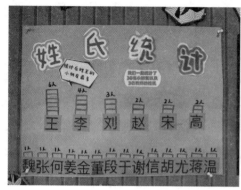 

幼儿对名字中的"姓"产生了关注，教师及时抓住这一教育契机在环境中创设百家姓氏墙，赋予环境隐性的教育价值。姓氏墙布置好后，引来了幼儿的驻足观看。他们寻找自己的姓，交流朋友的姓，同时也提出了自己的疑问："老师，百家姓就是一百种姓吗？"带着疑问，师幼一起探索姓氏的秘密。

（二）探秘"多字"姓

细心的幼儿发现班级中小朋友的姓氏大部分都不同，于是开展了姓氏大调查活动。小朋友们发现自己的姓大部分都是和父亲一样，班里还有一个小朋友叫"欧阳琪馨"，大家纷纷猜测她姓"欧"还是"欧阳"呢？这时铭铭小朋友说："我的好朋友叫'刘杨敏琪'，那她到底姓什么呢？"带着这些问题，孩子们开始查找资料，找到了更多的复姓——欧阳、司马、诸葛、东方等，并了解到相关复姓名人的大事件。"刘杨"其实是"伪复姓"，是爸爸妈妈的姓加在一起形成的。"还有三个字的姓吗？""有四个字的姓吗？""有五个字的姓吗？"……于是小朋友开始了对多字姓的进一步探索，他们找到的姓字数越来越多。"为什么我们很多人的姓是一个字，而有些人的姓是那么多字呢？"通过探究姓的来源，幼儿发现这些多字姓很多是少数民族的姓，还发现了姓有趣的意义。例如："伙尔川扎木苏他尔只多"是"柴米油盐酱醋茶"的意思。追随幼儿的兴趣，对姓的意义的探究又开始了。

（三）姓的意义

通过对多字姓的调查，幼儿对姓的意义产生了好奇，他们开展了"姓的意义"大调查，从姓的意思追溯到汉字的起源与历史。幼儿小组合作，运用思维导图呈现自己的发现，总结出姓氏主要来源于土地、赐姓、出生地、官职等，并将自己姓的意思画出来。

接下来班级又开展了"姓氏大调查""同姓的秘密"等活动。幼儿带着兴趣，通过交流讨论、调查分享、创意设计、游戏等方式，知道了姓氏的由来、姓氏的传承以及各种各样的姓，从而了解到更多有关姓氏的独特性和丰富的文化内涵。

二、案例分析

在"姓氏的秘密"活动中，幼儿追根溯源，了解到姓的历史，理解了性的意义与传承。在观察与思考中，幼儿也体验到姓氏与我们生活的密切联系。幼儿沉浸在姓氏的有趣故事中，对自己最熟知的名字的喜爱达到了一个新的高度，这让我们感受到儿童富有想象且童趣十足的"一百种语言"。理解姓氏名称是一种传承和美好期待。

（一）在生活中学习

生活是幼儿活动的基础、源泉与动力，幼儿每天的生活离不开名字，并且每个人的名字各不相同，吸引着幼儿的好奇，牵动着幼儿的注意力。"姓氏的秘密"以幼儿感兴趣且与幼儿生活息息相关的名字为探究点，引导幼儿在了解自己的姓、发现身边的"多字"姓、姓的意义的过程中，感知姓的由来与传承，了解姓的历史与意义。

（二）在合作中学习

小组合作是幼儿重要的学习形式，幼儿在合作中交流分享、开拓思维、深入探究。在开展"姓氏的秘密"探究活动的过程中，教师引导幼儿通过自由分组、收集信息、交流研讨、记录分享，并选举了组长、记录员、讲解员和监督员，共同分享收集到的姓，对姓氏进行分类，协商绘制思维导图，分享各自关于姓氏的问题与发现，丰富已有经验，深入已有认知，增强学习能力。

（三）在探究中学习

以幼儿为主体，让幼儿成为学习的主人。教师摒弃过多干预的接受式学习，以幼儿为主体，引导幼儿通过合作式、体验式、探究式等学习方式，自主发现问题、寻找答案、解决问题。幼儿根据自己的兴趣爱好和已有经验进行自主探究，教师追随幼儿的发现，以同伴互助、技术信息支持等方式，为幼儿解决问题提供支持与引导。在"姓氏的秘密"探究活动中，教师给予幼儿充分的自主权，记录的方式、合作的形式、活动的生成等都是依据幼儿自身的生活经验与兴趣，在积极讨论、共同协商中决定的。在探究过程中，教师引导幼儿共同交流思考，寻找问题答案，幼儿不仅发展了交往能力、语言表达能力、分工合作能力，同时，还在自主探究中丰富了关于姓氏的知识和经验。综上，只有不断激发幼儿的学习兴趣，让幼儿处在愉悦的氛围中，才能更大程度地为良好入学准备打下坚实的基础。

（吉林省省直机关第三幼儿园　张巍　李宝英）

扫码观看《学习有准备　入学很轻松》视频片段

幼小科学衔接学习准备"思"与"行"

幼小衔接是指幼儿教育与小学教育之间的过渡，这是幼儿成长过程中的一个重要转折点。3~6岁幼儿处于学习习惯和兴趣培养的重要时期。让幼儿养成良好的学习习惯，激发幼儿对学习的渴望，能帮助幼儿更好地步入小学生活，也能为他们的终身学习打下良好的基础。结合我园探究式生活主题活动，和大家谈谈如何为幼儿做好学习准备。

在探究式的生活主题活动实践中，教师要尊重幼儿的发展水平、年龄特点等，摒弃成人的权威和强势，给予幼儿充分的时间和空间去自主探索和尝试，把学习的主动权还给孩子。

一、尊重幼儿的兴趣点，保护幼儿的好奇心和求知欲

好奇心是推动孩子终身学习的动力。幼儿年龄小，缺乏生活经验，因此对身边所有的事都有好奇心。这在成人看来是再普通不过的事，但却是触发他们观察、尝试的"机关"。

在探究式的生活主题活动中，教师要抓住幼儿感兴趣的点，采用幼儿能够理解和接受的方式进行前期经验的铺垫，以便幼儿进一步思索和探究。同时，教师也要接纳、鼓励幼儿对新事物的观察、提问等探究行为，避免简单打断或否定幼儿的奇思妙想。把幼儿有浓厚兴趣的问题作为集体讨论的话题，鼓励幼儿分享自己的发现和观点，支持他们进一步的探究想法和行动。

如：户外活动中，草坪上的小蚂蚁吸引了很多的孩子们，看着他们兴奋的表情、专注的模样，老师记录下了他们谈论的问题：蚂蚁能听见声音吗？蚂蚁吃什么？蚂蚁的家在哪里？为什么蚂蚁围在一起？蚂蚁的家什么样？班级有80%的小朋友对小蚂蚁很感兴趣。于是生成了小蚂蚁的探究式生活主题活动。教师及时捕捉到幼儿感兴趣的内容，挖掘其潜在的教育价值，激发幼儿积极参与到主题活动中。教师积极鼓励和肯定幼儿的探究行为，使幼

儿能够保持持续的兴趣，促进幼儿学习能力和学习品质的养成。

二、探究生活主题，做好幼小衔接学习习惯养成的准备

好的学习习惯将受益终身。大班幼儿正处于学习习惯的摸索与逐步养成时期，培养幼儿时间管理能力、任务完成意识尤为重要。所以在大班幼小衔接阶段，我园将生活主题与入学准备要点相结合，陆续开展以"我要上小学"为主题的系列活动。在活动中让幼儿了解小学、向往小学，从而为即将步入的小学生活做好强有力的准备。

（一）时间管理小达人

在参观小学的过程中幼儿了解到了"课程表"在小学一日生活中的意义，根据幼儿的兴趣点，结合幼儿园的一日生活时间表，大班小朋友也模仿制作了幼儿园的"课程表"。大班幼儿对时间已经有了一定的认知，个别幼儿还能认识一些整点的时间，但幼儿普遍缺乏对时间管理和利用的能力。因此，老师会为学生响起小学上下课铃声，模拟小学生活；同时，游戏是幼儿园活动的基本形式，教师以此为入手点，让幼儿讨论"十分钟有多久？""课间十分钟都能做什么？""课间十分钟的必做事"等话题。幼儿通过实践探索、讨论和总结，感受时间，学会利用时间及管理时间。在对时间有了一定了解的基础上，幼儿学会制定"周末计划表"，养成做事有一定的计划性的习惯。

（二）创造动手实践条件，培养专注力

大班幼儿受身心发展的制约，保持注意力的时间很短，同时自制力也较弱。《幼儿园入学准备教育指导要点》中关于学习准备提到，要培养幼儿能够专注地做一件事；同时，《3~6岁儿童学习与发展指南》指出，要充分尊重和保护幼儿的好奇心和学习兴趣，帮助幼儿逐步养成积极主动、认真专注、不怕困难、敢于探究和尝试、乐于想象和创造等良好学习品质。在主题下的实践活动中，教师为幼儿提供充分的材料支持，幼儿通过实际操作和亲身体验，能够将未知知识转化为已知知识，并享受自由探索的乐趣。

如：在"小时钟"的主题探究活动中，每位小朋友都从家里带来了小时钟，

在进行"表盘上边有什么？"的活动时，小朋友通过观察，反复摆弄，自己总结出了很多规律：

1. 表盘上有 12 个数字，有长短不同的格子，有的表盘有三个指针，每个指针的粗细都不同。

2. 数字 12 在最上边，数字 6 在最下边。

3. 数字 9 和数字 3 是一行的。

4. 数字 10 和数字 2 是一行的。

5. 数字 8 和数字 4 是一行的。

这一过程中，幼儿始终充满了探索的热忱，并保持着高度的专注力和永不言败的精神。在这个阶段，幼儿的专注力逐渐得到培养，为他们顺利地融入小学生活奠定了坚实的基石。

三、激发学习兴趣，支持幼儿自主探究

兴趣是幼儿学习的原动力，是推动他们主动探索世界的内在力量。我们应当尊重每个孩子的个性和兴趣，为他们提供丰富多样的学习资源和环境，让他们在轻松愉快的氛围中自由探索，发现自我，发挥潜能。

自主探究意味着幼儿能够在教师的引导下，独立思考，发现问题，解决问题。我们应该鼓励幼儿勇于尝试，不怕失败，让他们在实践中学习，在错误中成长。同时，教师还应该提供必要的支持和指导，帮助幼儿克服困难，建立信心。

（一）发现问题，提高独立解决问题的能力

在设计幼儿园主题活动时，要充分重视为幼儿提供丰富的学习材料和创设良好的学习环境，鼓励幼儿自己动手操作，在亲身感知、操作、思考、推理和解决问题的过程中，促进幼儿在原有认知结构和新知识学习间建立联系，以获得粗浅的逻辑概念。

如：在"水果王国"的主题探究活动中，孩子们通过"切水果打开来找一找"的方式，探索种子在哪里。我们发现，在孩子们已有经验中，橘子

是有籽的，可是现在的橘子有的有籽，有的没有籽，葡萄也是这样。到底橘子是有籽还是没有籽呢？通过上网查找资料了解到，人们采用科学手段在葡萄和橘子的籽形成前将其去掉，促使果实变大，从而产生了无籽的。

呵护幼儿对学习的好奇心和探索欲，是幼儿园教育促进幼小衔接的关键环节，要尊重每一位幼儿的个性和兴趣。兴趣常常是幼儿探究行为与奇思妙想的根本，它能激发幼儿的学习兴趣与创造力，从而使幼儿在经历中习得经验，在探究中发展。

（二）体验解决问题的快乐

在"小蚂蚁"的主题探究活动中，一名小朋友提出："小蚂蚁都藏在哪里了？"这一问题引发了孩子们的好奇心。他们结合自己已有的生活经验争先恐后地进行表达。"蚂蚁在树根儿底下，我见过！""不仅外面有，家里也有，我在家里的窗台上看到过它们！""蚂蚁在草丛里和砖缝里！"这时候，老师又说："小蚂蚁究竟在哪里呢？是在你们说的地方吗？哪里的蚂蚁最多呢？不如我们去找一找看吧！"孩子们在好奇心的驱使下进行寻找，他们去了很多他们认为蚂蚁会出现的地方。最后，大家通过观察和比较发现，在砖缝里的蚂蚁最多。通过这样的活动，孩子们知道了，其实"问题"可以在实际生活和观察中寻找到答案，同时，他们也体验到解决问题的快乐。

四、支持幼儿经验的表达与交流，提高幼儿学习能力

在幼儿教育中，经验的表达与交流是提升幼儿学习能力的重要途径。通过有效的表达和交流，幼儿能够更好地理解世界，丰富自己的知识体系，同时也能够锻炼自己的思维和沟通能力。

（一）解决生活中的实际问题

尝试用数学方法解决日常生活的问题，是孩子们长大的体现，也是《3~6岁儿童学习与发展指南》中科学领域的目标，还是幼小衔接中学习准备应该具备的能力之一。

在开展"我要毕业了"的主题探究活动中，为了让幼儿能够用数学解

决生活中的实际问题,我们又组织了"统计功能区一共多少小朋友"的任务。这是对幼儿综合能力的考验。班级里的小朋友,有的在玩玩具,有的在座位上吃水果……统计起来有些难度。在此基础上,教师要求幼儿统计好本班幼儿后,还要把这个楼层的小朋友统计出来,怎么算呢?要完成这个任务,对小朋友来说真是不小的考验。看看我们小朋友是怎样完成的吧。同组的小朋友要进行协商,怎样才能数得准确,一人数、一人验证再数、一人进行记录。怎样算出来?可以用接数的方法,也可以借助雪花片等教具帮助完成。这样的活动,体现了我们主题统整的特点。在这个任务中,小朋友要用到数学学科的知识,还要和其他小朋友协商、分工、合作才能完成任务。

《第一次上街买东西》是大班孩子非常喜欢的一本书。孩子们对美伊能够克服困难,自己一个人去买东西很是佩服。活动中,我们先请小朋友调查一下:生活中常见的学习用品和一些常见饮品都有什么?它们的价格是多少?给孩子们待解决的问题:如果你是美伊,你有 10 元钱,你会买什么?请小朋友设计自己的购买方案。孩子们用数学的方法解决生活中的实际问题,对知识的学习更加渴望。

(二)愿意记录自己的想法

对于即将进入小学的幼儿来说,他们将面临全新且陌生的环境。为了缓解幼儿的入学焦虑,我园联合区域内就近小学,带领大班幼儿集体参观小学校园。去参观之前,幼儿用绘画的形式提出自己的好奇与疑问:"学校有睡觉的地方吗?""上学了每天吃几顿饭?""小学的作业多吗?""小学生都上什么课?"孩子们提出了一系列问题,教师没有马上给出答案,而是为孩子们创设了可以提问的时间和空间,选择低年级的哥哥、姐姐为他们解答。孩子们听得认真,同时也记录下了答案。在良好的互动下,幼儿知道了小学与幼儿园的不同,对小学校园有了进一步的认识和了解,对小学生活有了新的期待。

(三)提高动手能力,为书写做好准备

幼儿具备一定的动手能力,对他适应小学的生活是很有帮助的。动手能力的培养一定是循序渐进的。

1. 在生活中，我们鼓励幼儿自己的事情自己做。让小班孩子们练习串珠子，让中班孩子们练习穿鞋带，让大班孩子们掌握系鞋带的技能；让小班孩子们正确地使用勺子，让中班孩子们练习使用筷子，从夹海绵块到夹花生米，让大班孩子们锻炼穿衣服的能力，从在老师的帮助下完成，到自己独立、快速地穿衣服。

2. 在日常教育活动中，我们引导幼儿自己记录生活发现，以此培养他们的动手能力和观察能力。

生活是一本生动的教科书，里面充满了各种可供幼儿探索和发现的内容。我们可以设置一些有趣的活动，如观察植物的生长、感受四季的变化、记录家庭的日常生活等，让幼儿在亲身参与的过程中，用心去感受、去观察、去记录。

记录的方式可以多种多样，以适应不同幼儿的兴趣和特点。比如：可以鼓励幼儿用绘画的方式记录他们看到的、听到的、感受到的；也可以用简单的文字或符号进行记录，甚至可以尝试使用拍照或录像的方式，记录下他们生活中的点滴。

在幼儿自主记录的过程中，我们要给予他们足够的自由和支持。允许他们用自己的方式去表达、去记录，不强求他们必须符合某种标准或规范。同时，我们也要提供必要的帮助和指导，比如：教他们如何更好地观察，如何选择合适的记录方式，如何整理和保存记录等。

通过这样的活动，不仅可以提高幼儿的动手能力，让他们在实践中学习和成长，更能培养他们的观察力和思考力，为将来的学习和生活打下坚实的基础。

在幼小衔接阶段，我们通过探究式的生活主题活动对幼儿进行入学准备的培养，让幼儿在活动中自然地吸收知识，并做好从幼儿园到小学的学习准备，以帮助他们更好地适应小学的生活环境。

（长春市朝阳区教师幼儿园富锋分园　张宏　赵璐）

典型经验

教师如何支持幼儿的探究行为

探究式生活主题教学活动的困难之处，其一就是：教师决定何时如何介入。因为在活动中，我们一直坚持幼儿自主游戏的原则，希望孩子能够自行解决问题，尽量不提供答案，但是有时也会错失珍贵的教育契机。因此，教师必须分析孩子当下思考的问题并快速决定以何种方式介入。无论如何，适当的介入在孩子的探究活动中是必要的，可以促进幼儿的认知发展，激发幼儿的好奇心，促进其思维能力的提升。下面把我园在生活主题探究活动中教师的一些支持策略分享给大家。

一、教师应为幼儿提供一个丰富、多样、安全的探究环境

这一环境包括各类开放性的游戏材料和自然物品，幼儿能自由地触摸、观察、操作，从而激发探究欲望。

在进行"水果"的主题探究活动时，孩子们用橡皮泥做出了小小的西瓜。可是我们在认识水果时知道，西瓜是大大的。于是，教师提出：怎样才能做出一个大西瓜呢？教师在材料区投放了很多圆圆的、大小不等的生活材料，小朋友开始行动起来，在班级寻找像西瓜一样又大又圆的物品。经过孩子们自己分析、比较，他们发现气球、灯笼和皮球等物品是又大又圆的，比较适合做西瓜。接下来，孩子们通过粘粘贴贴、涂涂画画等方法，制作成了大西瓜。孩子们在发挥想象力、创造力的同时，他们的探究欲望也得到了满足。

在"小时钟"的主题探究活动中，每位小朋友都从家里带来了小时钟。"表盘上边有什么？"小朋友通过观察，反复摆弄，自己总结出了很多规律。（前文已表，这里不再赘述）

二、教师应以引导者的身份参与幼儿的探究过程

在幼儿遇到困难时，教师不应直接给出答案，而应通过提问、引导、

观察等方式，鼓励幼儿自主思考，寻找解决问题的方法。

在开展"洞洞"主题探究活动时，孩子们决定用炭烧积木搭建洞洞。在第一次搭建过程中，教师发现孩子们搭建的"洞洞"仅是一个"框"，并不是一个"洞"。于是，教师带领幼儿进行讨论：到底什么是洞洞呢？接下来，老师和小朋友一起收集了很多"洞洞"的图片，一起总结出："洞洞"有圆有方，有大有小，有的可以通过，有的过不去。在对"洞洞"的概念了解之后，教师提出：你能搭出一个能爬过去的洞吗？你能搭建一个圆圆的洞吗？随着搭建技能的不断提高，孩子们的探究兴趣越来越浓，他们与同伴一同协商，解决问题，体会到了成功的喜悦。

在"房子"主题探究活动中，一组小朋友选择用拼接泡沫地垫的方法制作房子。在探究的过程中，孩子们搭建的房子比较大，连接的泡沫块一多，拼接就容易失败。当幼儿遇到挫折或者在一个问题上一直打转的时候，教师给予适当引导，助其一臂之力，会让幼儿得到更好的发展。于是，教师加入孩子们的游戏中，他们没有提示孩子们应该怎样去做，而是自己搭建了一个小的正方体。教师的这一举动，引发了孩子们的思考：我们可以先拼出小正方体，再将几个小正方体罗起来，这样就可以拼成房子了。孩子们通过观察、比较，找到了解决问题的办法，获得了成功。

三、教师应给予幼儿足够的探究时间和空间

探究行为往往需要时间和耐心，教师应避免频繁打断幼儿的探究过程，给予其足够的时间和空间，让其充分体验探究的乐趣。

在"小蚂蚁"主题探究活动中，一名小朋友提出的"小蚂蚁都藏在哪里了？"的疑问引发了孩子们好奇心。他们结合自己已有的生活经验争先恐后地进行表达。这时候，老师进一步提出问题，引导幼儿深入探索。在主题探究活动中，孩子们探索的空间不仅限于教室内，幼儿园的操场、附近的社区、大自然都是孩子们探究的场所。于是，在好奇心的驱使下，孩子们走出班级，来到后面的种植园、操场进行寻找。他们去了很多他们认为蚂蚁会出现的地方。

最后，大家通过观察、比较，发现了在种植园地面砖缝里的蚂蚁最多。只要给孩子们足够的时间和空间，他们完全可以寻找到答案。

在开展"我要毕业了"主题探究活动时，孩子们提出了很多关于小学的问题。怎样解决这些问题呢？我们要转变灌输式的教育方法。于是，教师带领小朋友到小学找哥哥、姐姐进行调查、访谈，以此来解决孩子们的困惑。社会上的每一个人都可以成为孩子们的教育资源。幼儿园为幼儿创设了可以和哥哥、姐姐交往的空间，给足了幼儿时间去探索，孩子们都能积极地去提问，记录自己的答案。他们的社会交际能力、语言表达能力、倾听能力也都得到了发展。

四、教师应及时记录和评价幼儿的探究行为

教师及时记录和评价幼儿的探究行为，这不仅能够帮助教师了解幼儿的兴趣和发展水平，还能为后续的教育计划提供依据。同时，教师还应对幼儿的探究行为给予积极的反馈和鼓励，以增强其自信心和探究动力。

在"我要毕业了"主题探究活动中，为了帮助幼儿建立时间观念，我们开展"一分钟体验"子活动。教师记录下小朋友第一次体验后的感受。睿睿说："老师，一分钟怎么过得这么快？"还有小朋友说："时间过得太快了！我还没开始做呢，一分钟就到了。"第二次体验前，有了上一次的经验，孩子们对一分钟内能做的事进行了调整，计划的事情变少了。大博："一分钟根本做不了那么多事情，我计划两件事就够了。"这时，皓博提出了问题："我们应该先做什么事，后做什么事啊？"问题一提出，班级的小朋友都纷纷讨论了起来。诺诺："我觉得应该先小便，然后再去做其他事情。"乔乔："我喜欢画画，闹铃一响我就去画画。"通过两次教师的记录，我们能够看出孩子们对计划的事情有了先后概念。幼儿通过实践探索、讨论、总结，感受到时间，学会利用时间和管理时间。

培养幼儿自主探究能力的过程，是家长和教师不断学习、不断实践、不断思考和不断提高的过程。幼儿期是孩子人生发展的重要阶段，这个时期的幼儿处于创造力发展的关键时期，他们也是学习的探索者。希望我们教师和家长都能够捕捉到恰当的教育契机，培养幼儿自主探究的能力，为孩子们后续健康成长奠定良好的基础。

（长春市朝阳区教师幼儿园富锋分园　张宏　赵璐）

优秀案例

一分钟体验活动

一、活动实录

大班下学期的幼儿即将告别幼儿园的老师和同伴，步入小学生活。进入小学后，孩子们在生活自理、学习品质以及人际关系等方面会发生一些细微的变化，为了帮助孩子们顺利度过这一时期，使孩子们真正适应小学生活，我们开展了"我要毕业了"这一主题活动。

在主题活动进行过程中，班级里有小朋友提到："老师，小学下课时间多长呢？可以出去玩吗？"幼儿即将进入小学，对小学生活充满好奇。针对孩子们的兴趣点，我们抓住教育契机，和孩子们进一步讨论了"课间十分钟"。但十分钟有多长呢？因为孩子们对时间还没有具体的概念，所以我们决定从较短的一分钟开始体验，开展了"一分钟体验"游戏活动，帮助幼儿建立时间观念和任务意识，形成做事有计划、遵守时间不拖拉的好习惯。

在一分钟体验活动开始之前，幼儿先用气泡图的方式设计自己的一分钟计划。

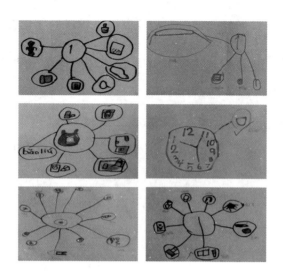

探究一：计划的事情做完了吗？

一分钟体验活动开始了，孩子们按照自己的计划体验一分钟，闹铃响起，孩子们都震惊了！睿睿说："老师，一分钟怎么过得这么快？"还有小朋友说："时间过得太快了！我还没开始做呢，一分钟就到了。"

教师的思考：

除了唐宝，我发现班级大部分小朋友计划的事情都特别多，对一分钟内能做多少事情还没有概念，于是我们分享和总结了经验，进行了第二次一分钟计划的设计，让孩子们在实践中体会一分钟的长短，初步建立起时间和活动之间的联系。

探究二：优化一分钟计划表

第二次的计划开始了，有了上一次的经验，这一次小朋友们计划的事情变少了。大博："一分钟根本做不了那么多事情，我计划两件事就够了。"这时，皓博提出了问题："我们应该先做什么事，后做什么事啊？"问题一提出，班级的小朋友都纷纷讨论了起来。诺诺："我觉得应该先小便，然后再去做其他事情。"乔乔："我喜欢画画，闹铃一响我就去画画。"孩子们对计划的事情有了先后概念。

二、案例分析

幼小衔接是幼儿教育到小学教育的重要过渡期，也是幼儿准备迈入义务教育的关键时期。对于大班幼儿来说，其身心发育尚不完善。怎样能够科学开展好幼小衔接教育，帮助幼儿尽快适应小学生活，这是所有教育工作者应当深入探讨的问题。

在幼儿体验一分钟的过程中，他们感受到了一分钟的短暂。通过先后两次调整计划，幼儿体会到了重新预估和感受时间长短的过程，从第一次的手忙脚乱到第二次的有条不紊，都是在加强对时间的敏感程度。幼儿对一分钟有了初步的认识，从而理解了十分钟有多长。

幼儿能够从体验较短的一分钟过渡到对十分钟的认识，初步建立起时间观念和任务意识，形成做事有计划、遵守时间不拖沓的好习惯。

（长春市朝阳区教师幼儿园富锋分园　葛书含）

时钟的秘密

一、活动实录

《幼儿园教育指导纲要（试行）》指出："科学教育应密切联系幼儿的实际生活进行，利用身边的事物和现象作为科学探索的对象。"在近期的生活主题中，我发现幼儿对时钟很感兴趣，时钟也正是幼儿感受时间最直接的方式。幼儿认识时间和记录时间也是幼小衔接工作中较为重要的环节。在进行"表盘上面有什么？"的主题活动时，孩子们对表盘上的数字排序很感兴趣。基于此，我们开展了"认识时钟"主题活动下的"数字的秘密"子活动。

在活动开展前，每个幼儿都从家中带来一个时钟，小朋友们首先被各式各样的时钟外表所吸引。刘航兵说："我的时钟是小猫图案的。"韩沐阳

说："我的时钟是小花形状的。"王若伊说："我发现我们的表盘上都是
12个数字。"大家听到王若伊小朋友的发言后，都低头看自己的时钟是不
是也是12个数字。最后大家异口同声地说："老师，我的也是！我的也是！"

为了保护幼儿的好奇心和主动性，支持幼儿持续的探究行为，我们首
先观察表盘上数字在位置和排序上的特点。

幼儿在小组对比讨论的过程中发现：

1. 数字12在最上边，数字6在最下边。

2. 数字9和数字3是一行的。

3. 数字10和数字2是一行的。

4. 数字8和数字4是一行的。

5. 我的数字10对着数字4。

6. 我的数字3对着数字9。

7. 数字都是按照顺序排列的。

8. 好像每个数字之间的空隙都差不多大小。

通过幼儿主动观察，幼儿对表盘上12个数字的位置及顺序有了清晰的
认知。

活动结束后，我们还开展了艺术领域的活动，通过刮画的形式让幼儿
体验数字间的距离和顺序。

"为数字找家"活动让幼儿更加清晰数字宝宝的位置

二、案例分析

（一）提高幼儿学习兴趣

每位小朋友都从家里带来了不同的时钟，幼儿可以在摆弄中探索学习，自己发现时钟上的秘密。以幼儿感兴趣的问题为出发点，支持幼儿持续的探究行为，提高其参与活动的积极性。

（二）提升幼儿学习能力

在观察表盘的过程中，幼儿有计划地专注地做事，善于独立思考并敢于表达自己的发现，有助于幼儿学习能力的提升。

（三）培养幼儿好奇好问的品质

教师以观察者的身份参与活动，尊重幼儿的兴趣点，为幼儿提供放松的学习环境，创设自由的学习空间，鼓励幼儿发现问题并解决问题，保护幼儿的好奇心和主动性。

（长春市朝阳区教师幼儿园富锋分园　许彦哲）

扫码观看《一分钟体验活动》视频片段

话题五
幼小联合教研实践研究

现状分析

幼小联合教研现状分析与思考

幼儿园与小学教育之间的衔接一直是教育学界、政策制定者和家长共同关注的重要议题。随着对早期教育重要性的认识，如何实现幼儿园到小学的平滑过渡，成为提升教育质量的关键一环。本文旨在综合分析国内外的研究现状，探讨当前幼小衔接的实践与挑战，并基于深入的理论与实证研究，提出优化策略和建议。

一、国外研究现状的分析

（一）理论模型的深入探讨

在国际教育研究领域，幼小衔接已经成为一个重要的议题，特别是关于儿童发展如何受到不同环境因素影响的理论模型探讨。学者们主要提出以下几种理论模型。

1. 直接影响模式

此模型认为，儿童在幼儿园接受的教育直接影响其小学的学习成效和儿童的社会适应能力，强调教育内容和教学质量的直接作用。

2. 间接影响模式

这种模式认为家庭环境和社区资源通过影响儿童的初期教育经验，间接影响他们的学校适应性和学习成果。

3. 生态学动力模式

由 Urie Bronfenbrenner（尤瑞·布朗芬布伦纳）提出的生态系统理论进一步发展而来，强调儿童发展是多层次环境系统相互作用的结果，包括微系统（如家庭、学校）、中系统（如家庭与学校的联系）、外系统（社区和政策环境）及宏系统（文化和社会价值观）。

这些模型不仅丰富了幼小衔接的理论基础，也为政策制定和教育实践提供了有力的理论支持，指导实际操作中应如何考虑和整合多种环境因素，以促进儿童全面发展。

（二）社会文化理论的实证研究

在社会文化理论的指导下，国外的一些学者进行了具体的实证研究。这些研究认为，幼小衔接不应仅看作是学校教育的延续，而是一个涉及家庭、学校、社区等多方面的共同创造过程。例如，科萨罗的研究指出，幼小衔接过程中的社会文化活动对儿童的社会化和认同感有显著影响。这些活动，如家庭的学习习惯、社区的教育资源、学校的课程安排等，都在塑造儿童如何适应学校环境中发挥着重要作用。

此外，国外研究还特别强调了教师角色的重要性。教师不仅是知识的传递者，更是文化的中介，他们在教学中如何融入对儿童多元文化背景的理解和尊重，直接影响了幼小衔接的效果。

（三）跨文化视角的重要性

在全球化的背景下，跨文化研究对理解不同国家和地区幼小衔接的实践尤为重要。不同的文化背景对教育期望、家庭参与和社区支持有着不同的看法和实践，这些差异影响了幼小衔接策略的制定和执行。例如，在一些亚洲国家，家庭对儿童的学术成就有极高的期望，这影响了幼儿园教育的重点和小学准备的方式。

丰富而深入的理论研究为幼小衔接提供了支持、框架和思路，梳理国外近年来的研究理论，对于我们深入、系统地开展幼小衔接研究和实施幼小衔接教育方案也有重大启示。从多种理论视角出发，运用多种研究方法，会产生丰富的研究成果，这些成果并非相互排斥而是相互补充。这对于我国幼小衔接领域的实证研究也具有重要的启示意义。

二、国内研究现状分析

（一）政策指导与实施现状

2021 年 3 月，教育部正式发布《关于大力推进幼儿园与小学科学衔接的指导意见》，这一政策性文件为幼小衔接提供了清晰的方向和具体的操作指南，要求在全国范围内建立稳定持久的幼小衔接机制。这一政策的目的是确保幼儿园和小学之间的教育过渡更加顺畅，更符合儿童的发展需要。

紧接着，2022 年 4 月推出的《义务教育课程方案（2022 年版）》进一步强调了学段间衔接的重要性，尤其是科目分工与课程整合方面的要求，这标志着幼小衔接从理论认知向实际操作的转变，从单纯的政策推动走向科学的课程规划和实施。

（二）学术观点与挑战

南京师范大学的虞永平教授提出，幼小衔接不应被视为一种剧烈的变革，而是童年生活的自然延伸。这种观点强调了衔接的平滑性和渐进性，反对把幼儿园与小学教育之间的过渡看作是一个断层。

然而，尽管有了明确的政策支持和学术理论的指导，实际执行中仍面临多重挑战。

1.双向衔接机制不足

目前的实践更多显示为幼儿园在努力向小学教育模式靠拢，而小学在如何接纳幼儿园毕业生、减轻学业难度的平滑过渡，以及教学方法和作息时间的调整上还未形成有效的策略。

2.缺乏系统化的衔接课程

当前幼小衔接课程多聚焦于基础学科技能，如拼音、计算、认字等，但在培养学生的学习习惯、社会技能和情感品质等方面则相对欠缺。这种偏重知识技能的倾向忽视了幼小衔接的全面性和深度。

3. 家长的片面认识和焦虑

许多家长对幼小衔接持有片面的认识，认为幼小衔接仅仅是学术准备，忽略了情感、社会适应等方面的重要性。此外，由于对小学教育阶段的担忧，家长常常过早地给孩子报名参加各种课外补习班，这种超前学习的现象不仅加重了孩子的学习负担，也可能导致孩子的学习兴趣和创造力的缺失。

三、本园幼小衔接现状分析

（一）当前研究和实践的局限性

本园一直致力于帮助幼儿实现科学的幼小衔接，但更多的是基于本园的实际情况和经验，对其他地区的园所、小学的教学活动了解得不够全面，研究的视角可能相对局限；对于一些数据分析如问卷调查的统计难以进行大规模、多维度的深入分析；在实践过程中，教师、家长们的观念以及能力水平的差异导致了衔接活动的不全面且缺角度，所以幼小衔接不能只被看作是教育内容和教学方式的简单过渡，而应该涉及思维方式、学习习惯、社会技能等多个维度的适应，需要我们建立起一个全面、多角度的支持系统。

（二）联合教研加强衔接合力

1. 建立"幼小协同"联合教研制度

为切实提高入学准备和入学适应教育研究实效性，深入推动幼小科学衔接，本园与小学从管理者与教师层面抽派专人，共同成立了幼小双向衔接联合教研工作组，幼儿园崔蔓园长和小学温剑校长为组长，幼儿园教学主任、小学教务处主任、幼儿园骨干教师、小学一年级主任、教研组长、备课组长为教研共同体成员，负责幼小衔接的联合教研工作，完善园本教研制度，加强小学老师、幼儿园教师在儿童发展、课程实施与管理、教学任务与方式方法等方面的深入研讨与交流。建立了问题共研、课程共建、资源共享、成效共评、策略共创、文化共融机制，通过线上教研平台建设与应用、线下教研活动策划与组织、跨学段合作机制的建立与维护，如定期的问卷调查、电访、家长开放日、线上直播等多角度调研，深入了解幼儿园大班与小学一年级教师在指导儿童做好入学准备与入学适应中的问题与困惑，集中会诊把脉，分层跟进指导。

2. 听评课促认识同频、行动同步

幼儿园教学主任、小学教务处主任以及幼儿园大班教师、小学一年级教师、家长代表定期进行听评课活动，三向奔赴共论成长。每次听评课活动后，幼儿园、小学、家庭三方会在主持人的引领下进行座谈，交流研讨。执教老师结合活动来源、目标制定、活动过程等方面进行自我反思；听课教师、听课家长们进行评课、讨论。大家畅所欲言，研讨氛围浓厚，针对课堂氛围、幼儿的互动性与专注度、效果达成等方面发现问题、剖析原因、梳理经验、归纳提升。同时，幼儿园、小学、家庭三方也会围绕这一阶段幼小衔接工作展开深入讨论，家长们纷纷说出自己的焦虑，老师们各抒己见、答疑解惑。通过这类定期教研活动的组织与实施，特色教研活动的策划和推进、教研成果展示与活动交流等方式不断碰撞出思想的火花，最后形成共识，即在"幼小衔接"工作中需要改变观念，不仅仅是形式上的衔接，更是心理、能力和行为的衔接。

3. 每月定时教研，坚守"儿童立场"

教师是幼小双向衔接的关键。教师的教育理念、教学方法等是幼小双向衔接工作科学开展的保障。崔蔓园长和小学温剑校长将幼、小两个主体中教师的衔接重心引领到"遵循幼儿身心发展规律，让教育回归生活"上来。在日常的教育教学管理中，增强教研合力，根据儿童身心发展特点，研究衔接的育人模式、课程内容、年段进阶的实践路径，制定切实可行的指导方案和研训计划，帮助儿童顺利度过入学适应期，促进教师的专业发展。教研每月主要分为三个层次：第一层，本园教师和小学教师进行入学准备主题活动的"同课异构"教学展示，观察、记录幼儿园教师和小学教师课堂提问、教学方式、教学手段的差异性表现，共同讨论产生差异性行为的原因。第二层，本园教师和小学教师在"同课异构"后进行座谈交流，思考幼儿园教师和小学教师的课堂提问、教学方式、教学手段、课堂氛围存在差异是否合理，消除差异是否就是做到了幼小衔接，如何基于两者间的异同做好有效衔接，进而梳理出双方教师课堂的衔接策略。在此基础之上实施联合教研第三层，即本园教师和小学教师在崔蔓园长和温剑校长的带领下进行联合备课，将梳理出的幼儿园教师和小学教师课堂衔接策略共同实践、检验与调整。

4.实施"幼小——小幼"轮岗双向对接

大班教师、一年级教师在幼小衔接联合教研共同体创新联合教研形式的计划下实行每月一次的教师轮岗活动，旨在深入推进幼儿园和小学间的相互了解，更好地优化幼小双向衔接工作，让教师"动"起来，让教育"活"起来。通过互换轮岗的方式，小学教师们走进幼儿园感受温馨友爱的环境，感受环境的隐性教育作用，了解幼儿作息时间和活动安排，体验幼儿园一日生活皆课程的教育理念，和孩子们亲密地接触，参与到孩子们的游戏中，同时关注孩子在自主游戏中的成长体验，引发如何助推幼小平稳过渡的新思考。幼儿园大班老师通过观摩小学班级一日生活安排、社团活动、教学材料，进一步了解小学的教育模式、课程设计和教学方法，以跨学科整合为策略，给予孩子自由探索的机会。

5.小学老师带班——沉浸式体验

《幼儿园工作规程》明确指出："幼儿园教育应和小学密切联系、互相配合，注意两个阶段教育的相互衔接。"随着"上小学"的脚步越来越近，我园开始邀请小学老师进行带班，让幼儿零距离与小学老师接触，开启大班孩子的"小学课堂"之旅，感受别样的小学课堂，埋下一颗对小学生活向往的种子，同时也为他们顺利进入小学学习奠定良好的基础。同时也让小学老师在一日生活中感受幼儿园与小学不同的组织形式，对师幼互动有了更深入的了解。这不仅是一次沉浸式的体验、一次机制的创新，更是幼小教育实践的融合，在今后的工作中，我园将在联合教研工作组的引领下紧密加强合作，继续坚守儿童为本的立场、减缓衔接坡度、打破教学壁垒，构建幼小共融发展的新样态，为幼儿顺利进入小学搭建成长支架。

（三）家园校同伴互助共促发展

幼小衔接不应仅仅是教育机构间的任务，而需要家庭、学校及社会多方面的共同努力。目前，存在的问题包括幼儿园的过度热情（一头热）和小学对新生的"零起点"策略。这种现象往往导致家长过度担忧孩子跟不上小学的学习进度，从而推动孩子参加各种超前学习的课程班，这种"抢跑"现象不仅加剧了家长和儿童的焦虑，还可能导致儿童对学校学习失去兴趣。基于地区内幼儿园与小学、家长之间的现状，我园深入调查和研究教师和家长对幼小衔接的态度。通过这种调研，帮助我们识别和解决实际问题，从而设计出更科学有效的衔接策略。这些策略应该不仅仅侧重于学术准备，更应关注孩子的社会技能、情感调节和心理适应的需要。

为了应对这些挑战，建立一个互通共研的双向衔接体系显得尤为重要。这一体系应包括幼小联合教研及以幼儿学习品质培养为核心的家园校"五个一活动"，即"领导一对话""班级一牵手""幼儿一结对""教师一教研""家长一参与"，如市、区教育部门定期组织的幼小衔接教育讲座、"幼小衔接"抖音直播、家长会、亲子运动会、"向着阳光，轻松前进"家长课堂活动、幼小家校互通家长上学日、幼小家长代表座谈会、邀请小学教师来园开展讲座等活动。"五个一活动"缓解了家长的焦虑，为儿童适应小学学习生活做好家庭保障，帮助其树立正确的幼小衔接理念。

（四）实施策略和创新方法

围绕国家颁布的《关于大力推进幼儿园与小学科学衔接的指导意见》，应构建一个创新的双向衔接通道，这包括教师的专业发展、家长教育观念的更新以及建立一个支持儿童全面发展的"绿色生态"教育环境。这样的环境不仅支持学术学习，还鼓励社会情感学习，为儿童提供一个温馨、包容的成长空间，从而更有效地推动区域内的幼小衔接工作。

（长春力旺实验幼儿园　崔蔓　杜艺卓）

参考文献

［1］裴长安，王一茗.我国幼小衔接研究二十年：现状与展望——基于CNKI文献的知识图谱分析［J］.教育导刊（下半月），2021（05）：88-92.

［2］俞霞，朱涤瑕.三十年来我国幼小衔接的研究现状和展望——基于CiteSpace的知识图谱分析［J］.早期教育，2023（17）：6-11.

［3］崔淑婧，田兴江.近20年国外幼小衔接研究的视角变迁与实证进展［J］.学前教育研究，2022（05）：28-43.DOI:10.13861/j.cnki.sece.2022.05.005.

［4］曹跃丽.国外幼小衔接试验的借鉴［J］.学前教育研究，1994（01）：62-63，54.

［5］宫宇姣.我国"幼小衔接"中的政府责任问题探析［J］.黑龙江大学，2022.DOI:10.27123/d.cnki.ghlju.2022.001419.

［6］清允.幼小衔接在国外［J］.家教指南，2005，05：29-30.

［7］杨芬.双向衔接背景下联合教研的现状分析与实践策略［J］.福建基础教育研究，2023（03）：127-130.

典型经验

互通共研　科学衔接

在以往的传统幼小衔接中，更多的是单一的幼儿园老师"一头热"，而小学老师的研究往往偏重于学科知识，忽视衔接中应该要解决的问题，衔接的路径单一、衔接机制和生态不好——双向或多向衔接未形成，家园校合育意识不强，等等。自2021年《关于大力推进幼儿园与小学科学衔接的指导意见》颁布以来，各省市掀起了"双向衔接、联合教研"的实践探究。在这一背景下，我园和力旺实验小学开展了联合教研，通过健全联合教研机制、举行多元的主题活动等方式共同做好幼小科学衔接工作。通过这几年的实践探索，取得了一定的成效。如幼儿对即将进入小学有了更好的心理准备；逐步养成了良好的学习习惯与品质；在认知、语言、社会交往能力等方面有了进一步发展和提升；教师的教学理念与时俱进，能采用更适宜的教学方式培养幼儿，教学更有针对性；与小学老师的教研沟通更加紧密、主动，更了解幼儿发展特点和需求……

一、典型经验与做法

（一）互通——融合赋能助衔接

为推进幼儿园与小学科学衔接、幼儿园与家长双向互动，每学期开学初，我园与小学主管教学的园长、校长共同制定联合教研计划，科学制定幼小衔接联合教研活动；定期开展家长公益课堂，进行幼小衔接经验交流分享，通过学习《吉林省教育厅关于印发〈推进幼儿园与小学科学衔接攻坚行动实施方案〉的通知》《长春市推进幼儿园与小学科学衔接攻坚行动实施方案》等文件来助推家园校理念一致、目标趋同，共同确定了推进科学有效衔接的基本原则。

1. 基于儿童立场

幼小双方围绕时间节点重点关注核心经验，秉持聚焦"热点"、抓住"焦点"、捕捉"难点"、审视"盲点"的基本理念，遵循"立足儿童，双向衔接"的课程开发原则，借助问卷调查、家长会、家长见面会以及日常对幼儿行为的观察充分了解当下幼小衔接存在的问题及需求。

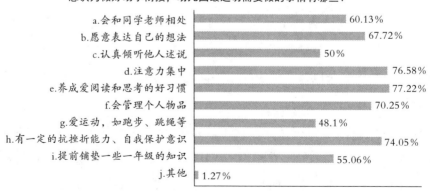

您认为做好幼小衔接，幼儿园最迫切需要做的事情有哪些？

选项	百分比
a.会和同学老师相处	60.13%
b.愿意表达自己的想法	67.72%
c.认真倾听他人述说	50%
d.注意力集中	76.58%
e.养成爱阅读和思考的好习惯	77.22%
f.会管理个人物品	70.25%
g.爱运动，如跑步、跳绳等	48.1%
h.有一定的抗挫折能力、自我保护意识	74.05%
i.提前铺垫一些一年级的知识	55.06%
j.其他	1.27%

在立足儿童立场、双向衔接的基础上，共同制定了《幼小衔接幼儿学习品质培养策略工作计划》《幼小衔接中幼儿学习品质的培养工作实施方案》。

2. 多元学习转变认知

为了强化衔接意识，定期组织教师参加幼小衔接培训学习，确保教师树立正确的幼小衔接价值观，聚焦班级观察，增进师幼互动。大班组成立了"幼小衔接教研小组"，每周二和周四进行组内教研和培训学习，定期针对"去小学化"与科学衔接进行自查，对于个别教师组织的集体教学活动缺乏游戏性的问题进行研讨等来提高教师专业水平；开展"我要上学了"等主题活动，帮助孩子在认知、情感和行为等方面做好入学准备；同时和家长一起拓展阅读《陪孩子一起幼小衔接》、组织家庭经验交流分享、引领家长在家庭中创设游戏场，鼓励家长和幼儿创建家庭游戏区域，让幼儿在生活中学习等多种方式来促进家长教育观念的改变。

3. 坚持系统推进

整合多方教育资源，小学、幼儿园、家庭协同共育，形成合力。确保幼儿园、小学、家庭在思想上和行动上保持高度一致，形成家园校高效协同的良好教育生态。

（二）共研——双向衔接促发展

1. 建立"幼小协同"联合教研制度

为切实提升入学准备和入学适应教育研究的实效性，深入推进幼小科学衔接工作，我园与合作小学共同发力，从管理者与教师层面抽调骨干力量，组建了幼小衔接联合教研工作组。幼儿园崔蔓园长和小学温剑校长担任组长，成员涵盖幼儿园教学主任、小学教务处主任、幼儿园骨干教师、小学一年级主任、教研组长以及备课组长，共同构成幼小衔接教研共同体，全面负责联合教研工作。

在此基础上，我们建立并完善了园本教研制度，旨在促进小学教师与幼儿园教师围绕儿童发展、课程实施与管理、教学任务与方式方法等核心领域展开深度研讨与交流。同时，构建了问题共研、课程共建、资源共享、成效共评、策略共创、文化共融的协同机制。通过线上教研平台的搭建与高效运用、线下教研活动的精心策划与有序组织，以及跨学段合作机制的稳固建立与持续维护，多维度开展调研工作，如定期开展问卷调查、电话访谈、家长开放日活动、线上直播互动等，精准把握幼儿园大班与小学一年级教师在指导儿童入学准备与适应过程中面临的问题与困惑，进而集中研讨分析，实施分层跟进指导，确保幼小衔接工作稳步推进。

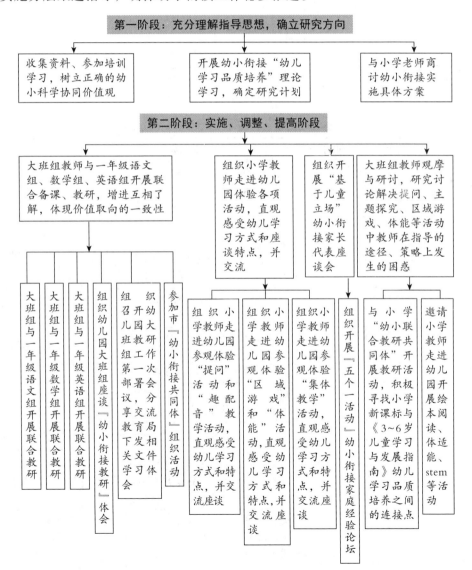

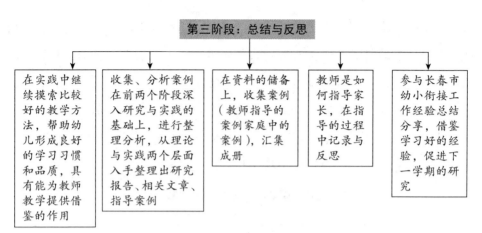

长春力旺实验幼儿园幼小衔接联合教研工作流程

表1 长春力旺实验幼儿园2024年幼小衔接周行事历

月份	周次	时间	重点工作安排	备注
二月	第一周（预备周）	2.19—2.23	1. 制定整个学期联合教研工作计划、整个学期联合教研主题规划 2. 下发幼小衔接调查问卷（大班家长篇）	制定计划 领导——对话
	第二周（预备周）	2.26—3.1	1. 教师教研培训：《幼儿园入学准备教育指导要点》 2. 教师培训：组织教师学习发展指南、新教师标准	组织教师学习幼小衔接相关理论知识
三月	第三周	3.4—3.8	1. 大班组内班主任老师听评课 2. "幼小衔接专题讨论交流会"	组内听评课组内研讨
	第四周	3.11—3.15	1. 大班组班主任老师、小学一年级数学老师同课异构 2. 数学活动同课异构后座谈交流	数学活动同课异构
	第五周	3.18—3.22	1. 联合教研组联合备课，制定下月主题活动 2. 社会实践：草莓采摘	制定主题活动组织社会实践
	第六周	3.25—3.29	1. 小学班主任老师、大班班主任老师轮岗学习 2. 邀请大班家长、小学老师来园听评科学课 3. 班级——牵手（大班幼儿和小学一年级各班进行结对，参加小种子课程）	资源互换、轮岗学习 班级——牵手
四月	第七周	4.1—4.7	1. 大班组配班老师听评课 2. 主题活动：我会整理书包 3. 邀请小学生进大班进行分享	组内听评课 主题活动：幼儿——结对

续表

	第八周	4.8—4.12	1. 大班组配班老师、小学一年级老师绘本同课异构 2. 绘本同课异构后座谈交流 3. 下发"一年级新生入学适应调查问卷"	绘本同课异构 下发调查问卷
	第九周	4.15—4.19	1. 家长上学日 2. 自理大赛 3. 小学语文老师、大班配班老师轮岗学习	自理大赛 家长——参与
	第十周	4.22—4.30	1. 联合教研组联合备课，制定下月主题活动 2. 社会实践：探秘科技园	社会实践
五月	第十一周	5.6—5.10	1. 小学老师来园带班 2. 小学优秀家长分享经验会	小学老师带班 沉浸式体验
	第十二周	5.13—5.17	1. 小学一年级体育老师、幼儿园体能老师体能活动同课异构 2. 同课异构后座谈交流 3. 联合教研组联合备课，制定下月主题活动	体能活动同课异构
	第十三周	5.20—5.24	1. 社会实践：参观小学 2. 大班教师观摩小学绘本活动，进行听评课 3. 主题活动：我眼中的小学	参观小学、观摩活动
	第十四周	5.27—5.31	1. 六一活动：跳蚤市场 2. 家长助教日	六一活动 家长——参与
六月	第十五周	6.3—6.7	1. 组内教师研讨本月主题活动 2. 主题活动"再见小时光"	教师教研 主题活动
	第十六周	6.11—6.14	1. 自理活动：小小值日生 2. 一分钟活动	主题活动
	第十七周	6.17—6.21	1. 主题活动：学做小学生 2. 大班组内教师教研，小学教师来园开展讲座	主题活动
	第十八周	6.24—6.28	1. 全国校园跳绳线上挑战赛——幼儿园组 2. 家长见面会	跳绳挑战 家园共育
七月	第十九周	7.1—7.5	再见幼儿园系列活动	主题活动
	第二十周	7.8—7.12	毕业典礼	毕业典礼
	第二十一周	7.15—7.19	独立日系列活动	独立日

预设主题活动网络

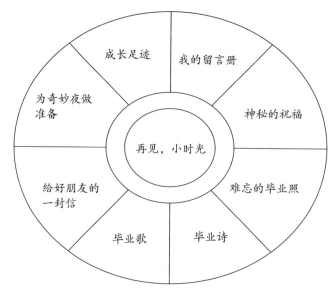

成长足迹

我的留言册

为奇妙夜做准备

神秘的祝福

再见，小时光

给好朋友的一封信

难忘的毕业照

毕业歌

毕业诗

长春力旺实验幼儿园2024年6月幼小衔接主题活动计划

表2 预设主题活动分解

一级主题	二级主题	具体活动	侧重领域
再见，小时光	难忘幼儿园	我的留言册	艺术
		神秘的祝福	科学
	幼儿园奇妙夜	为奇妙夜做准备	健康
	不想说再见	成长足迹	语言
		毕业诗	语言
		毕业歌	艺术
		给好朋友的一封信	语言
		难忘的毕业照	艺术

2.听评课促认识同频、行动同步

在教育实践中，幼儿园教学主任、小学教务处主任携手幼儿园大班与小学一年级教师及家长代表，定期开展听评课活动。三方秉持助力孩子成长的共同愿景，密切合作。听评课结束，三方代表在主持人的引领下进行深度座谈交流。活动中，执教老师从活动起源、目标设定、流程等多维度反思教学；听课教师与家长也踊跃评课讨论，大家坦诚交流，会场研讨氛围浓郁热烈。

针对课堂氛围、幼儿互动等关键要点，全面审视，发现问题、剖析原因、梳理经验，以提升教学质量。此外，三方还聚焦幼小衔接工作进行深入探讨。家长真诚分享自己的焦虑，老师们凭借专业知识为其解疑。通过听课、评课、议课及反馈等环节，细致完善拓展"各有侧重"的幼小衔接课程目标，实现"幼小—小幼" 双向有效对接，推动小学适度引入幼儿园教学方式，倡导游戏与实践教学，为孩子成长筑牢根基。如小学精心设计了充满创意、富有温度的一年级新生入学适应课程——"小种子"课程。"小种子"课程是基于真实情景的项目学习，实行"闯关游戏"等多维评价，采取面向实践、设置情景、促动思维的教学方式，通过低年级的习惯养成，让学生在潜移默化中知礼仪明规范、结新友懂交际、爱校园乐成长、好学习善思考、有梦想求进步，全面推进幼儿园与小学科学有效衔接，促进学生全面发展，成为孩子学习和生活适应的阶梯。而幼儿园通过一日生活来实现必要的知识获得和学习品质养成，从特色教研活动的精心策划到稳步推进，再到教研成果的展示与活动交流，每一个环节都成为思想碰撞的舞台。在 "幼小衔接" 工作中，观念的转变至关重要。这绝非仅仅是形式上的简单过渡，而是要深入到心理、能力与行为层面，全方位为孩子搭建起从幼儿园到小学的稳固桥梁，助力他们平稳且顺利地开启人生新旅程。

3. 每月定时教研，坚守"儿童立场"

教师在幼小衔接中扮演着关键角色，其教育理念和教学方法是保障幼小双向衔接工作科学开展的核心要素。崔蔓园长与小学温剑校长，将幼儿园和小学教师的衔接重心，精准引领至"遵循幼儿身心发展规律，让教育回归生活"这一理念上来。在日常教育教学管理中，合力进行教研活动。他们依据儿童身心发展特点，深入研究衔接的育人模式、课程内容以及年段进阶的实践路径，精心制定出切实可行的指导方案与研训计划，旨在助力儿童平稳度过入学适应期，同时推动教师的专业成长。每月的教研主要涵盖三个层次：第一层是本园教师和小学教师每月开展入学准备主题活动的"同课异构"教学展示。在此过程中，仔细观察并详细记录幼儿园教师与小学教师在课堂提问、教学方式、教学手段等方面的差异表现，随后共同探讨这些差异性行为产生的根源。通过这种方式，促进双方教师相互学习，取长补短，为幼小衔接工作提供更优质的教学支持。如对数学活动"认识整时"就进行了"同课异构"。幼儿园老师以情境引入，吸引幼儿兴趣，通过"小熊大转盘"游戏，巩固对整点的认识，再进行分组游戏，感知时间与生活的联系，将学习与游戏相融合，注重幼儿感知数学的有用和有趣，引导幼儿体验数学在生活中的运用。而小学老师则是通过视频，单从感受时间、认识钟面、认识整时、安排时间层层递进。幼儿园老师注重的是师幼互动，而小学老师注重的更多的是生生互动。无论是幼儿园老师还是小学老师，共同的教学理念都是从儿童立场出发，为儿童提供主动学习的支架，引发他们自主感知、思考、探索、理解、认知。教师是儿童学习的支持者、引导者和合作者。

在"同课异构"活动结束后，将进入第二层交流环节。本园教师与小学教师将开展座谈，共同探讨幼儿园与小学课堂在提问方式、教学方法、教学手段以及课堂氛围等方面存在的差异。重点思考这些差异的合理性，消除差异是否等同于实现了幼小衔接，以及如何依据两者的异同实现有效衔接，进而梳理出适用于双方教师课堂的衔接策略。基于此，开展联合教研的第三层工作。在崔蔓园长和小学温剑校长的引领下，本园教师与小学教师将进行联合备课，将之前梳理出的课堂衔接策略付诸实践，在实践中检验并根据实际情况进行调整，确保幼小衔接工作的科学性与有效性。

4.实施"幼小——小幼"轮岗双向对接

在幼小衔接联合教研共同体创新联合教研形式的规划下，大班教师与一年级教师将开展每月一次的教师轮岗活动。此次活动旨在深化幼儿园与小学之间的相互认知，进一步完善幼小双向衔接工作，让教师在交流中成长，让教育在互动中焕发生机。

在轮岗过程中，小学教师走进幼儿园，沉浸式感受充满温馨与爱意的环境，体会环境所蕴含的隐性教育价值，熟悉幼儿作息时间与活动安排，切身体验"幼儿园一日生活皆课程"的教育理念。他们积极参与到孩子们的游戏中，与孩子们亲密互动，同时密切关注孩子在自主游戏中的成长体验，由此引发关于如何推动幼小平稳过渡的新思考。

而幼儿园大班教师则通过观摩小学班级一日生活安排、社团活动以及教学材料，深入了解小学的教育模式、课程设计和教学方法。秉持跨学科整合的策略，在生活化、游戏化的活动中，给予孩子充分的自由探索机会，助力幼小衔接工作更加科学、高效地开展。

5.小学老师带班——沉浸式体验

随着孩子们步入小学的日子日益临近，我园积极行动，特别邀请小学教师走进幼儿园，开展带班活动，让孩子们能与小学教师面对面交流，亲身体验"小学课堂"。这一独特的体验，让孩子们真切感受到小学课堂的别样魅力，在他们心中悄然种下向往小学生活的种子，为顺利开启小学学习生活筑牢根基。

在这一过程中，小学教师深度参与幼儿园的一日生活，对幼儿园与小学在组织形式上的显著差异有了切身体会，进而对师幼互动的理解也更为透彻。这一创新举措，不仅给予了孩子们沉浸式的体验，也为教育机制注入了新的活力，更是一次成功的幼小教育实践融合，为孩子们的成长搭建起坚实桥梁，助力他们平稳过渡到小学阶段。

（三）牵手——童乐同趣深体验

为帮助大班幼儿熟悉小学生活，拉近大班幼儿与小学生的距离，满足孩子们对小学生活的向往与好奇，进一步做好幼小衔接工作，我们每个月进行幼儿牵手活动。特邀请从本园毕业的一年级的哥哥姐姐重返幼儿园，按照每个月幼儿感兴趣的话题进行面对面的分享。

第一次，哥哥姐姐们通过视频、图片等方式详细地向大班小朋友们介绍了小学的一日生活，每个月活动的内容丰富且不同，从学习的时间安排、课间活动的安排、游戏的多样等阐述小学生活的有趣。

　　第二次，哥哥姐姐们和大家分享了小学的书包，书包里有文具盒、作业本、书本、跳绳……哇，孩子们新奇地发现，原来上小学可以学习这么多本领。介绍完书包里的物品后，哥哥姐姐还分享了整理书包的小秘诀，告诉小朋友整理书包时要观察书包结构，物品要分类整理，书本要按大小摆放等来展现小学生需要的自我服务意识。哥哥姐姐还和小朋友们分享学校食堂里美味的饭菜、有趣的社团活动、多样的社会实践，教给大班小朋友正确的上课坐姿、书写姿势，以及如何举手发言回答问题、站队时我们需要怎么站……

　　在了解了小学生活后，大班的幼儿对小学充满了憧憬与向往。于是开启了大班幼儿和一年级结对共体验之旅。每个月在牵手后进行结对体验，哥哥姐姐牵着大班幼儿的手走在小学的校园里，孩子们听着优美的上下课铃声、一起参与课堂活动、共同体验社团乐趣……

　　牵手活动的开展，使大班幼儿们通过观察、倾听、体验更全面、直观地了解小学的学习生活及环境，并帮助幼儿养成良好的学习和生活习惯，形成对小学的正确认识，激发幼儿喜欢上小学的积极情感，以积极的心态迎接小学生活。相比于知识的学习，幼儿上小学的兴趣、任务意识、规则意识和责任感的培养是更为重要的内容。

　　互通共研、科学衔接，我园会继续探索，为幼儿终身可持续发展助力！

（长春力旺实验幼儿园　崔蔓　杜艺卓）

课间十分钟

一、活动实录

在这周的教研活动中，幼儿园和小学老师们讨论了新入学一年级学生的问题，如自理能力、时间观念和行为习惯。耿老师提到学生在课间不去厕所，玩剧烈游戏，以及课堂上请假去厕所的问题。

小爽老师问："我们先改善哪个方面呢？"甜甜老师认为应关注时间观念。可欣老师提议："我们可以以'课间十分钟'为切入点，这涉及自理、安全、时间规划等方面。"

慧慧老师问："如何帮助幼儿理解课间十分钟？"可欣老师解释："课间十分钟是整体作息的一部分。"梁梁老师建议设计教学活动和挑战赛。慧慧老师还建议让孩子们去小学体验哥哥姐姐的课间。

媛媛老师总结："我们制定时间表有序推进活动，希望孩子们能通过这些活动提高时间规划和自我管理能力，活动后再交流、分享。"

老师们表示赞同，立即开始分工安排。

二、案例分析

良好生活习惯的养成是幼小衔接中一个方面，对于幼儿来说尤为重要，它对幼儿的自信心、责任感、问题解决能力有着重要的影响，有利于幼儿独立意识、独立性格、自立习惯的养成。本次教研活动以课间十分钟为切入点。

1.一年级的老师们在这几个月实际工作中遇到的问题以及过往的经验，反馈了一年级的小学生在幼小衔接过渡阶段存在的问题，大班教师与一年级教师在教研中找到共性进行深入探究，体现了幼小衔接中的双向科学互动。在研讨后设计了一系列教学活动，如认识十分钟（数学活动）、魔法一分钟（科学活动）；设计一些挑战赛，如一分钟可以跳绳多少个；去小学观摩高年级的哥哥姐姐课间十分钟；等等。在活动实施后进行座谈交流、反思，这些有效策略的实施也为幼儿良好习惯的养成奠定了基础。

2.一次次的教研交流、反思提升了幼小教师双向衔接的水平。

3.在关于课间十分钟的教学活动中，孩子们分小组交流讨论，合作完成任务，并能够大胆地表述自己的想法，领导力、语言表达能力、倾听能力、与同伴的交往能力都能得到充分的展现。

教而不言则浅，研而不教则空。在本次教研活动中，老师们满怀爱与责任，关注幼儿所需，以幼儿发展为本，运用探究、合作、游戏等方式帮助幼儿感受时间的力量，做最好的自己。在教研共同体的带领下，联动教研、以研促教，一起去看教育更美好的风景。

（长春力旺实验幼儿园　王波）

我"慧"整理书包

一、活动实录

离园前，孩子们整理书包时，安安哭了起来。淇淇问："安安，你怎么了？"安安说："书包拉不上了。"淇淇说："你的书包里是不是有很多用不着的东西？"

小芋老师问："安安，书包里应该放哪些东西呢？"安安答："书本、铅笔和跳绳。"洛洛补充："还可以放衣服和水杯。"小芋老师提议："我们做个调查表，看看书包里放哪些物品，好吗？"

孩子们制作了调查表，然后开始整理书包。豆豆问："上小学也可以这样整理吗？能看看哥哥姐姐的书包吗？"小芊老师邀请一年级的果果哥哥和糖糖姐姐来示范。

果果哥哥介绍了整理书包的四步："清空书包—物品分类—归类收纳—放入书包。"糖糖姐姐分享了"小口诀"：上层放文具盒，零散物品单独放。孩子们在指导下学会了整理书包，安安也开心地拉上了书包拉链。

二、案例分析

自理能力的培养对于大班幼儿有着重要意义，自理能力的提升，有助于缓解幼儿初入小学时的焦虑情绪，顺利实现幼小衔接。整理书包是幼儿在进入小学之前所要具备的能力。《幼儿园入学准备教育指导要点》中生活准备目标指出："坚持自己的事情自己做，能分类整理和保管好自己的物品。"本次我"慧"整理书包活动在生活准备方面体现了如下内容。

1.《幼儿园班级保教质量评估细则》中指出，要重视幼儿通过绘画、讲述等方式对自己经历过的游戏、阅读图画书、观察等活动进行表达表征。在"如何整理书包"的集体讨论中，孩子们通过绘画、小组讨论说出书包里应该放的物品和不应该放的物品，发展了他们的语言表达和协作的能力。

2.幼儿上小学首先面临的就是要背书包，那么书包里到底要放些什么，怎么放，在他们的头脑中是不清晰的。通过管理小书包，让幼儿学会有规律地整理物品，明确小书包的使用与管理都是自己的事情，不能依赖他人，培养幼儿自我服务意识，渗透责任感。

3. 在整理书包的过程中，通过观摩哥哥姐姐的书包有助于他们形成爱整洁、生活有序、做事认真仔细、有始有终等良好习惯，也能使幼儿在整理中提高动手能力，促进动作发展；整理书包成功后也增强了幼儿的独立性和自信心。好的整理习惯还可以让幼儿顺利地进入小学生活学习，此后会影响孩子的一生。

课程在生活之中。为了让孩子们进一步感受"整理"的重要性和意义，让孩子们走向生活，学会观察，本次活动中教师及时抓住教育契机鼓励班级幼儿进行活动，引导幼儿发散思维，进一步去探究。本次活动也为幼儿步入小学打下良好的基础。

（长春力旺实验幼儿园　宫月）

走进小学　筑梦启航

一、活动实录

在一个晴朗的周一早晨，幼儿园的孩子们参加每周的升旗仪式。小朋友们被小学升旗仪式的庄严气氛吸引。妙妙问多多："小学的升旗仪式和我们的一样吗？"多多回答："我姐姐在小学，她说小学有大教室和图书馆。"诺诺说："我也想去小学看看。"

孩子们一起问园长："我们可以去小学看看吗？"崔园长决定以此为契机开展活动。在温校长和崔园长的带领下，大班教师与小学一年级教师讨论入学前体验。

佳佳老师提议："每周都去参观小学。"小葛老师认为频次太高。可欣老师建议："根据孩子需求决定活动内容。"崔园长总结："根据需求确定主题，将目标分解，变单次活动为单元活动，实行沉浸式体验。"

月月老师带领幼儿制作观察表，并在一年级哥哥姐姐的陪伴下，去小学体验课堂。孩子们认真观察并积极参与。回到班级后，明明兴奋地说："月月老师，小学的课好有趣，什么时候再去？"月月老师微笑着回答："我们会安排更多活动，让你们逐步了解和适应小学生活。"

二、案例分析

本次"走进小学　筑梦启航"活动触发了幼儿对小学生活充满向往期待、对小学的学习充满兴趣的良好情绪状态。

1. 小学校长、幼儿园园长关注到幼儿在升旗仪式后提出的问题并进行领导间对话，然后带领一年级教师、大班教师进行集体研讨，制定活动计划并实施，以幼儿为活动主体，满足不同幼儿的发展需求，将活动的主动权还给幼儿支持幼儿，解决幼儿在幼小衔接中的问题、困惑，让活动更好地促进幼儿多元发展。

2. 在参观小学之前，教师引导幼儿做各种参观计划，如参观小学的观察表，通过计划的制定能更好地帮助幼儿明确活动目的，鼓励幼儿运用不同的方式表达自己的想法，园所积极为活动做好心理、物质等方面的准备，引导幼儿做事有条理、思考更全面，逐步提高幼儿解决问题的能力。

3. 在参观的过程中实行结对互动，每个幼儿在小学生的带领下，自主参观，随意交流，有目的地观察；小学生则以哥哥姐姐的姿态积极回应幼儿。结对互动式参观活动提供了舒适、互动性强的交流空间，让幼儿的疑惑、好奇、焦虑等情绪有了很好的输出与回应，有利于帮助幼儿全面地认识和了解小学校园，激发幼儿对小学的向往。

4. 一次活动的体验有限而且在活动中幼儿也会衍生新的问题，持续性的、沉浸式的体验能及时解决幼儿入学准备中的多种问题，增加幼儿的信息获取量，使幼儿由被动学习者变为主动学习者，最大限度地支持幼儿愉快完成角色的转换和行为的过渡。

活动中领导和老师们聚焦幼儿身心全面发展，以问题为导向，强化以幼儿为本的探究性、体验式学习，能有效地为幼儿搭建适宜的衔接阶梯，降低衔接坡度，帮助幼儿实现从幼儿园到小学的顺利过渡。

（长春力旺实验幼儿园　王芊仲）

扫码观看《走进小学》视频片段

实践探索

联合教研有温度　双向衔接促成长

教育部《关于大力推进幼儿园与小学科学衔接的指导意见》明确指出，要"以习近平新时代中国特色社会主义思想为指导，全面贯彻党的教育方针，落实立德树人根本任务，遵循儿童身心发展规律和教育规律，深化基础教育课程改革，建立幼儿园与小学科学衔接的长效机制，全面提高教育质量，促进儿童德智体美劳全面发展和身心健康成长"。基于此，我园围绕长春市教育科学"十四五"专项课题"科学幼小衔接背景下家园校社多主体联合教研的实践策略研究"不断推进，以"五个一"为依托，强化衔接意识，以联合教研助力幼小双向衔接。

一、领导——对话，凝聚联合教研共识

推进幼儿园与小学科学有效衔接是坚持立德树人、深入贯彻党的二十大"加快建设高质量教育体系"要求的体现，是校长、园长的职责所在。实践证明，只有校长和园长对幼小衔接工作的认识正确，给予重视，幼小学段的联系才会顺畅，幼小联合教研才能开展。因此，领导之间的对话在幼小衔接联合教研中发挥着重要的引导和推动作用，是确保衔接工作顺利开展的关键因素。

在实践中，幼儿园通过领导之间的对话使双方领导对幼小衔接联合教研工作形成共识。一是制定幼小衔接联合教研工作计划，明确工作目标、任务分工、时间安排等，确保幼小衔接工作的有序开展。二是整合双方资源，明确双方在衔接工作中的资源需求，从而更好地调配资源，为幼小衔接工作提供有力保障。三是建立幼儿园和小学之间的长效合作机制，促进双方密切合作。通过互助式双向对话，双方更好地理解对方的工作环境和需求，明确幼儿园和小学的课程特点和差异，从而更有针对性地支持对方的工作，实现双向衔接。

二、教师——教研，促进双向衔接行动

联合教研旨在引导幼儿园和小学教师对实际教学活动中遇到的问题和困惑展开深入交流，共同探讨教学内容和教学方法的科学衔接，从而对彼此的教学内容和活动方式有更为全面的了解。

联合教研主题的提炼源于实践中出现的问题，基于幼小衔接现状，幼儿园走进八十七中学小学部，体验小学生命成长特色课堂，双方就联合教研主题进行座谈，在以下三个方面达成共识：一是围绕儿童中心，通过联合教

研让幼儿园教师看到儿童将要走的"路"，让小学教师了解儿童曾经走过的"路"；二是注重共同参与，幼小双方教师和教研员都参与其中，确保主题策划的科学性；三是主题适宜，主题的提炼不宜过于空泛，也不宜过于具体。在"10以内加法与减法"同课异构联合教研中，请小学教师和幼儿园教师分别就对方的课堂提出异议或建议，再由执教教师进行解释说明等。在多个回合的评课议课中，幼儿园和小学教师不同的观察视角和教学理念产生碰撞，引发了激烈的讨论。

三、班级——结对，走进联合教研现场

班级结对是联合教研赋权增能的体现。通过将幼儿园和小学的班级进行配对，让教师们在实际的教育教学活动中相互学习、交流和合作，从而在实际操作中赋予教师更多的自主权和创新能力。教师们可以在结对班级中共同设计课程、讨论教学方法、分享教育资源，这种合作模式鼓励教师们根据自己的教学经验和学生的实际需要，灵活地调整教学内容和策略，实现更加个性化的教学。

在实践中，幼儿园在与八十七中学小学部结对的基础上，将学校之间的合作具体到每个班级和教师，进行班级结对。让幼儿园每个班级的教师都参与到结对活动中，从而深化合作的层面和内容。为确保班级结对活动达到预期的效果，在开始班级结对活动之前，为参与结对活动的教师提供必要的培训和支持，确保他们明确所有参与的教师清楚活动的目的和意义。制定详细的结对活动计划，包括活动的时间表、内容、方法和评估标准。在活动进行过程中，定期监督活动的进展，收集教师反馈，及时调整活动计划以应对可能出现的问题。活动结束后，进行全面的评估和反思，分析活动的成效和不足之处，为未来的结对活动提供经验。

四、幼儿——牵手，深化联合教研合作

同伴关系对幼儿的发展具有重要的影响力。《3~6岁儿童学习与发展指南》中指出，家庭、幼儿园和社会应共同努力，为幼儿创设温暖、关爱、

平等的集体生活氛围。幼儿在一个更小的、更亲密的团体中参与结对活动，可以提高他们的参与度和投入感。同时，儿童之间的结对可以增加彼此互动频率和质量，有助于建立稳定的同伴关系，促进社交技能的发展。

在八十七中学小学部参观活动中，参观班级学生与幼儿园小朋友一一结对，相互自我介绍，共同游戏，手拉手参观教室、操场、图书馆等学校设施。除此之外，在实践中，幼儿园结合幼儿自主意愿，鼓励本园升入小学的孩子回到幼儿园与大班幼儿共同开展手拉手活动。已毕业进入小学的孩子向弟弟妹妹讲述小学的趣闻轶事，分享在小学上课的内容、时间安排；在小学的体育课，在小学的课间十分钟，展示新学习到的课间操，展示自己的小书包。这不仅是一种爱的奔赴，更是幼小衔接的双向奔赴。通过同伴之间的连接，深化联合教研实效，使幼小双向衔接真正回归儿童。

五、家长——参与，形成联合教研生态

生态系统理论认为，家庭是影响个体发展的重要中间系统。基于此，家长参与是幼小衔接中改善教育、提高质量的一项重要策略，是搭建幼小过渡的理想阶梯。

在实践中，为打造联合教研生态，幼儿园进行了多方探索：一是聚焦共性问题。家园校三方通过访谈、问卷调查等方式对新学期大班入学准备和一年级入学适应中的情况进行调查和摸底，从而确定教研关注点。二是打造交流平台。将联合教研实践的主场放在小学，向大班家长和幼儿园教师呈现小学课堂学习情景，引导三方共同聚焦儿童本位的学习，真实表达自身对幼小衔接的看法，对话儿童成长的关键。三是多主体参与。幼儿园开展"凝聚课程审议　助力儿童发展"为主题的课程审议活动，让家长走进幼儿园课程，面对面，心连心，以多角度看见幼儿园、理解幼儿园，现场对课程进行审议，并从课程目标出发，结合课程内容和幼儿实际发展水平，提出了合理化意见和建议，共同促进幼儿身心健康发展。

（长春市人民政府机关第一幼儿园　刘琦）

助力幼小衔接，提升执教能力

幼儿从幼儿园升入小学是成长过程中的一次重大转变，要从以游戏为主的学习过渡到以系统学业知识为主的学习。推动幼儿园和小学双向衔接，既对提高教育质量具有重要的现实意义，也对儿童的终身学习和发展具有深远的影响。因此，为了深入推进幼儿园、小学协同努力，促进幼小科学衔接，在最美的四月，迎着温暖的春风，长春市人民政府机关第一幼儿园的老师在孙红艳园长、刘琦副园长的带领下走进长春市第八十七中学小学部，分别开展了以"看见儿童　赋能成长"为主题的"手拉手"系列教研活动。

一、以课程和活动研讨为切入点促进幼小教学相接

本次活动在长春市第八十七中学刘志超校长的带领下，近距离地聆听了一年级数学组教师的课程开发方案，并观摩了一节一年级数学课"分扣子"，让幼儿园教师深入了解到小学教师从课程开发到课程落地的全部过程，让幼儿园教师对一年级数学课程的设置和教学形式有了新的认识。在小学高效的课堂教学模式下，我们也看到了在小学的教学课程上低年级也逐渐向幼儿园衔接的游戏化教学形式转变。

课程观摩活动后，幼儿园教师和小学教师进行了评课，各位教师在对方的教育环境中体验并了解教育方法、学习内容等方面的异同，真教研的方

式让幼儿园教师和小学教师更加直观地感受与体会两个学段间儿童的学习方式、教师的教学方式，更加深刻地理解造成幼儿园和小学之间差异的影响因素及推动衔接教育的必要性，为幼儿园教师和小学教师联合探索幼小衔接的实施路径搭建平台。同时，在交流的过程中，大家也提出了"双师制教学"的新教研方式。同样彼此一节课，让幼儿园教师和小学教师在联合备课、共同执教、相互反思的过程中促进彼此理念与实践上的衔接。例如：同样是"分扣子"这节课，让幼儿园老师也进行一次展示。大班的幼儿和一年级的学生有着不同的年龄发展特点，而通过双师的活动设计，能帮助幼儿园老师和小学老师在教学上找到衔接的契合点，共同提升幼儿园和小学的教学质量，真正做到科学衔接。

二、以聚焦儿童为主题交流全面培育的新探索

幼小衔接系列活动二，八十七中学小学部一年级袁冬薇主任对幼小衔接问卷调查数据进行了全面汇报，分别从教师、学生、家长三方面以专业的眼光审视幼小衔接的若干问题。在会议上，校领导和园领导也为教师指明了方向："加强教师在儿童发展、课程、教学、管理等方面的研究交流，及时解决入学准备和入学适应实践中的突出问题。"

随后，小学教师和幼儿园教师进行了分享交流会，活动中破除了小学教师和幼儿园教师的隔阂，让大家真正地面对面看见彼此，看见儿童。幼儿园教师和小学教师分享各自的做法与经验，同时站在对方的角度梳理、总结，如小学教师梳理幼儿园教师为幼小衔接做了些什么,幼儿园教师梳理小学教师是怎么做的,一年级为什么这么做。这种教研形式的"微调"促进了两个不同学段教师的相互靠近,有利于教师相互了解学生学习情况和适应能力。

此外,提出了交互式验证的方法,例如:小学一年级的无纸笔测验方案可以让幼儿园教师进行参与研讨,幼儿园教师从大班末期的幼儿学习视角出发,让测验方案更加贴近幼儿的学习发展特点和规律。教研的过程就是不断发现问题、研究问题、验证运用、再研究的螺旋上升过程。幼儿是幼小衔接的主体,他入学后的适应情况很大程度上反映了幼小衔接联合教研成果的效度。

在此过程中,小学教师也提出了他们的困惑和希望:往往阻碍孩子们适应小学的并不是知识上的衔接,而是自我管理能力的缺失。幼儿园教师也同样认为不能忽视身心准备、生活准备、社会准备和学习准备等全面衔接。大家也认同幼小衔接联合教研与同学段教研是有所不同的,并且有了共同的愿景,即减缓幼小衔接的坡度,帮助幼儿顺利实现从幼儿园到小学的平稳过渡。

三、以促进幼儿持续发展推进全面准备的活动实践

(一)园所教研,调整教学计划并落实

我园参加完本次活动后开展了全园教师幼小衔接的教学研讨,坚持问题导向,把走出去的学习经验和做法带回来,生成教研主题。通过教师家访、跟岗与轮岗、问卷调查等方式,较科学、客观地收集幼小衔接中的真问题,

且决定重新制定大班 6 月份的主题教学活动。

　　分别在两个大班开展了"走进小学的小问号"幼儿谈话活动，旨在站在幼儿的角度，倾听幼儿内心的想法与感受。通过汇总和梳理，教师了解到幼儿对小学与幼儿园的不同比较感兴趣，对小学要认真学习的认知较明确并存在一定的担忧。为此，确定了大班 6 月"约会小学"的月计划，在追随幼儿的脚步中助力幼小衔接，激发幼儿对小学生活的憧憬和向往。

大班主题"约会小学"之"小学初体验"备课汇总表

活动名称	目标	涉及领域	活动内容	备选
演讲《我心目中的小学》	1. 运用观察、比较和讲述的方法，比较小学和幼儿园的不同 2. 大胆在同伴面前表达自己的想法	语言	生活活动： 1. 养成不偏食、不挑食、不暴饮暴食的习惯，知道吃饭时细嚼慢咽，不边吃边玩 2. 练习自己系鞋带 3. 安静午睡，保证充足的睡眠时间 户外活动： 1. 队列练习：队列组合、向左转向右转 2. 体育游戏：保卫杯子、移动大富翁 3. 室内游戏：企鹅漫步、看看谁最快、狭路相逢 3. 安全"不打架" （1）愿意与同伴、老师互动，喜欢表达自己的想法 （2）懂得打骂是不文明、不友好的行为 （3）能选择适当的方式解决矛盾 4. 古诗《六月二十七日望湖楼醉书》 5. 礼仪"好朋友握握手"	资料包
故事讲述《我上小学了》	1. 能用"可以……可以……还可以……"的句式讲述故事情节 2. 通过阅读故事进一步了解小学生活	语言		资料库礼仪46-48
音乐歌曲演唱《毕业歌》	1. 能够愉快地演唱歌曲 2. 乐意参与歌曲演唱活动，感受歌曲的欢快情绪	音乐		儿童歌曲
音乐歌曲欣赏《少年先锋队队歌》	1. 能够结合歌词感受歌曲激扬的情绪 2. 大胆表达自己对歌曲的理解	音乐		资料包
美术绘画《我梦想中的小学》	1. 学会用线条和颜色表达自己的想法 2. 培养对小学的憧憬和热爱	美术		美术创意
美术手工《我的毕业名片》	1. 能够利用不同的图案装饰自己的名片 2. 有自己的想法，能够大胆想象并进行创作	美术		美术创意

　　教师研讨中，反思到身心准备方面我们之前更侧重于身体健康，而心理准备方面应该为幼儿提供途径和方法。幼儿不仅在身体上进入了一个快速成长发育阶段，同时在心理上也经历了离别、期待、恐慌、压力等多种错综复杂的感受。因此每周增添了心理健康认知："假如我是一名小学生""我的担忧""当老师不在时""毕业"等让他们在心理方面更早地适应。

　　同时，以生活准备为依托，提升自我管理能力。在了解到小学课程表后，幼儿制定本班课程表并安排课间十分钟，希望通过制定计划来提高大班幼儿的自我管理能力。开展每周五劳动日、整理书包等活动。生活中降低教师指令的使用频率，允许幼儿在一定时间内、一定程度上自由安排自己的活动。指导家长让孩子做一些力所能及的家务，如分碗筷、叠衣服等，引导幼儿自己整理第二天的物品，自己将回执单等交给老师或传达一些简单的口讯，培养孩子初步的责任意识。

　　在社会准备上，我们增添了"走进小学"主题，以小组合作的形式，分别为体验团、参观团、记者团行动。体验团的幼儿通过感受幼儿园与小学的不同，获得对小学的直接经验；参观团的幼儿用拍摄的照片和绘画来记录自己的所见所闻，记录小学的探究之旅；记者团的幼儿事先收集重点问题，解决心中的疑惑。教师在活动中适时地给幼儿提供帮助，以提高其任务意识。在儿童会议与小组实践中，幼儿获得知识和技能的同步发展，各方面经验获得进一步提升。

　　在学习准备上，以品格优势助力幼儿看不见的"准备"。"坐不住""不认真听讲"是一年级教师常常担心的问题。好的习惯来自对规则的认识。我园以体验1分钟为途径，建立时间观念，从而制定一日活动计划。

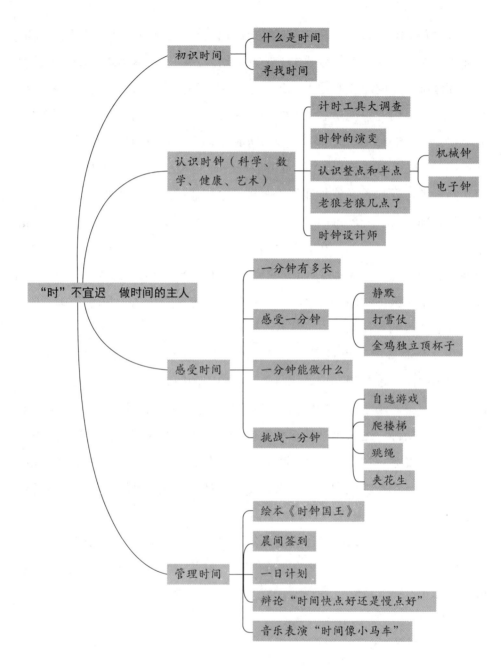

每周四下午的区域大循环，有意识地增加需要一定专注力和坚持性才能完成的游戏和活动，保证幼儿有充足的活动时间能够专注地完成任务。对需要多次探索的活动，要提供足够的时间和空间，鼓励、支持幼儿持续完成，

避免因活动频繁转换干扰幼儿专注做事。

鼓励幼儿发现和学习解决生活中和数学有关的问题，如：通过统计每天出勤人数、测量记录身高和体重的变化、自主管理进餐和睡眠时间等方式，帮助幼儿体验运用数学方法解决问题的乐趣。

（二）从走出去到引进来，转变家长教育观念

近几年，很多幼儿园到了大班阶段就会出现一大部分孩子被接走去上各种辅导班的现象，一些家长不仅自己坚信"不输在起跑线上"，而且还不断灌输给孩子这种错误的观念。这些错误的观念若不加以纠正，对孩子身心的健康、可持续发展必然带来消极的影响。为助力幼儿家庭高质量科学地进行"幼小衔接"，2024 年 3 月 15 日，我们开展了第三次系列活动——"衔接有度　未来可期"专题讲座，幼儿园特邀请长春市第八十七中学小学部教师来园为中班家长提供专业指导。

李睿老师从幼儿园到小学的六大断层出发，以详细的系统数据调研为依据，将"幼小衔接"的重点衔接内容，即技能、情感和知识剖析讲解。王欣欣老师通过形象的照片和视频带领家长一起走进了"孩子们在小学的一天"，在一边观看一边讲解中，家长们看到了孩子们在小学每天要做的事情和每一件事情背后自己可以帮助他们提前做好的入学准备。本次讲座对于中班家长来讲是一场"及时雨"，通过两位教师的理论传授、数据展示以及实例分享等，家长对"幼小衔接"这一难题有了新的认识和解决方法，

同时也感受到有效陪伴幼儿、尊重幼儿的教育真谛。

"幼小衔接"并非一蹴而就，而是有准备地在适合的时间，为幼儿提供最适宜的支持。相信通过讲座我们每一位家长都会以一颗平常心与幼儿一同感受孩子成长的过程，助力他们平稳过渡，使其勇敢地迈向人生的下一站旅途。

四、参与幼小衔接联合教研的思考与建议

要实现真正意义上的双向衔接，还有很长的路要走，真切地希望教育行政部门、社会媒体、小学、幼儿园、家长都能够进一步努力做出改变。幼儿园教师要主动承担起责任，有计划、有目的、有质量地做好幼小衔接工作，从幼儿入园起就有意识地培养幼儿的自理能力、任务意识、时间观念以及健全人格，并将这些能力和品格的培养渗透在幼儿的一日生活中，落实在日常课程中，让幼儿每一天都在为终身发展做准备，而不仅仅是为入小学做准备。希望全社会都能够爱护儿童，尊重儿童成长规律，让入学不再成为儿童人生历程中人为设置的一道"坎"，而是其童年生活的一种自然延伸和过渡，顺利实现幼小衔接。

（长春市人民政府机关第一幼儿园　申海燕）

优秀案例

聚焦课程审议　助力幼小衔接

一、活动实录

幼小衔接是一项全方位且细致入微的工作，它涉及幼儿心理、生理、认知和社会情感等多个方面的转变和适应。在这个过程中，课程衔接无疑

是至关重要的一环，课程作为幼儿学习与发展的主要载体，其设计和实施的质量直接关系到幼小衔接的成败。因此，幼儿园的课程质量显得尤为关键，为了贯彻落实《3~6 岁儿童学习与发展指南》的精神，长春市人民政府机关第一幼儿园积极开展了以"聚焦课程审议　助力幼小衔接"为主题的课程审议活动。此次活动旨在让家长更加深入地了解幼儿园课程，增强对幼儿园教育的理解和信任，从而为家园关系的平等、民主互动打下良好的基础，有助于提升幼儿园课程的质量和水平，更能为幼小衔接工作提供有力的支持和保障。

首先，园长介绍幼儿整体课程架构。

刘园长："我园以主题课程为依托，以区域游戏课程、混龄游戏为支撑，形成三大课程体系。本次审议我们会从托儿部和幼儿部两个阶段着手，以幼儿园四月的课程为例，详细为大家介绍幼儿园课程整体架构，使大家更加了解幼儿园的课程，同时欢迎大家提出合理化意见和建议。"

随后，八十七中学小学部教师为课程设置提供合理化建议。

八十七中学小学部王老师："幼小衔接不仅是知识层面的衔接，更重要的是心理上、行为习惯、学习习惯、个性培养等素质能力的衔接。并不是孩子会了多少个字，会做多少道数学题，而是孩子有学习的兴趣和习惯，提前认识小学，了解小学，懂得小学和幼儿园的不同。教师多多鼓励孩子，使孩子有想上小学的欲望，这比教会他们很多题要好得多，比如你们的童话剧活动我觉得非常好，它发展孩子多方面的能力，使孩子保持良好的情绪状态，以积极的心态面对小学。"

接下来，家长代表提出建议。

托班家长王婷婷："很感谢幼儿园为孩子准备丰富的课程，作为托班家长，我更重视孩子的自理能力，如果我的孩子回到家中，能自己穿衣裤，自己吃饭我就会觉得很欣慰。"

小班家长王瑶："在本次小班的课程中，我很感谢老师加入了对孩子生活能力的培养，我认为有一个好的生活习惯对以后的学习和生活起着关键的作用。"

中班家长王福曾："孩子马上就要上大班，作为中班的家长，我认真地看了孩子的课程，发现中班的课程中有许多学习的内容，这样以游戏为教育教学的方式，让我很放心。"

大班家长张美加："我是一名大班家长，我的孩子马上就要上小学了，我其实一直很担心孩子适应不了小学生活，幼儿园所学的知识也不够，但是通过审议我看见了幼儿园对孩子在身心、社会、生活、学习的准备，使我更加安心，也更加有信心。"

最后，全体参会成员举手表决，审议通过课程设置。

二、案例分析

虞永平教授在探讨幼儿园教育问题时，特别强调了课程审议的重要性。他指出，课程审议不仅是幼儿园的日常工作之一，更是提升教师专业水准、优化教育质量的关键环节。通过深入理解和实践课程审议，教师能够基于幼儿的实际问题和需求，进行精准的价值判断，从而不断调整和优化园本课程，让孩子真正成为课程中的小主人。同时，家长和小学教师的参与，也能为课程审议提供更多的视角和建议，使审议结果更加全面和客观，为课程审议注入活力，使家园共育更加紧密和有效。

（一）提升参与意识，增进家长信赖

对家长而言，参加课程审议，无疑是一次深入了解幼儿园教学理念和教学方法的绝佳机会。通过参与审议，家长可以全面了解幼儿园的教学方案、教学目标以及教学内容，更加清晰地认识到幼儿园的教育特色和方向，从而增强对幼儿园教育质量的信心。参加课程审议还可以促进家园合作，促进家长与幼儿园共同关注孩子成长，拉近家长与幼儿园之间的距离，促进双方在教育目标和方法上达成更加一致的认识，增强家长对幼儿园的信任感。

（二）多方集思广益，优化课程设置

课程审议可以推动幼儿园不断集思广益，可以促进幼儿园更好地优化

课程设置，分析课程设置中存在的问题和不足，在不断改进中提高教学质量。家长可以通过审议分享教育经验和教育理念，为教学开展提供新的思路和灵感，帮助教师和学校更好地了解家长期望，了解小学教学思路与理念，从而更好地调整课程内容和教学方式，更好地满足幼儿的学习需求，为未来实现幼小衔接的高效开展奠定坚实基础。

（三）小学老师介入，推进高效衔接

小学教师参与幼儿园课程审议，对于助力幼小衔接高效开展具有重要意义。这一举措不仅有助于加强幼儿园与小学之间的教育衔接，还能确保儿童在过渡过程中能够平稳、顺利地适应新的学习环境。小学教师可以根据小学阶段的课程标准和教学要求，对幼儿园课程设置提出建议，帮助幼儿园教师更好地了解小学的教学方法和学习方式，为幼儿园教师提供有益的参考和借鉴，从而帮助其更加有针对性地进行幼小衔接工作。

融入课程审议在幼小衔接工作中的意义极为重大，它不仅是幼儿教育过程中的一项重要环节，更是对幼儿园和小学教育高效衔接的有力推动。通过课程审议，不仅能够优化幼小衔接课程设计，使其更符合幼儿身心发展的规律，还能够加强家园合作，提升家长对幼小衔接工作的参与度，共同为幼儿的成长营造良好的环境。此外，课程审议还有助于激发幼师的专业素养和创新能力，不断探索适合幼儿发展的教育路径。展望未来，长春市人民政府机关第一幼儿园将继续坚持课程审议工作，致力于让课程审议成为支持幼儿深度学习的推手，积极探索更多有效的教育方法和手段，让课程真正成为幼儿有效成长的载体。

（长春市人民政府机关第一幼儿园 李卓娜）

话题六
幼小衔接家园共育实践研究

理论意义

基于幼小衔接的家园共育理论研究

　　教育部颁布的《幼儿园入学准备教育指导要点》明确了幼小衔接的"四大准备"，即身心准备、生活准备、社会准备和学习准备。本文通过对相关理论的研究，深入探讨了家园共育在幼小衔接中对于实现"四大准备"目标的理论意义，旨在为促进幼小衔接教育质量的提升提供理论依据和实践指导。

一、引言

随着教育事业的不断发展，幼小衔接问题日益受到社会各界的广泛关注。教育部出台的《幼儿园入学准备教育指导要点》为幼儿园和家长在幼小衔接阶段提供了重要的指导。其中，"四大准备"为幼小衔接工作指明了方向。而家园共育作为一种教育合作模式，对于推动幼小衔接工作的顺利开展具有重要的理论意义。

二、幼小衔接家园共育的理论基础

（一）生态系统理论

布朗芬布伦纳的生态系统理论强调个体发展的环境是一个由多个相互嵌套的系统组成的动态系统。在幼小衔接阶段，家庭和幼儿园作为幼儿发展的微系统，对幼儿的成长和发展起着直接的影响作用。家园共育能够促进两个微系统之间的协同合作，为幼儿营造一个和谐、一致的教育生态环境，有助于幼儿更好地实现幼小衔接的"四大准备"。

（二）协同教育理论

协同教育理论认为，学校、家庭和社会等教育主体之间应该相互协作、相互支持，形成教育合力，共同促进学生的全面发展。在幼小衔接过程中，家园共育是协同教育的具体实践形式。通过家园之间的资源共享、信息交流和教育活动协同开展，能够充分发挥家庭和幼儿园各自的教育优势，实现教育效果的最大化，为幼儿的幼小衔接提供有力的支持。

三、基于幼小衔接"四大准备"的家园共育理论

（一）促进身心准备的全面发展

从生态系统理论的角度来看，家庭和幼儿园共同构成了幼儿身心发展的重要环境。家园共育能够为幼儿提供一致的身心发展支持，如幼儿园通过开展体育游戏活动培养幼儿的运动能力和协调能力，家长在家中鼓励幼儿参与家务劳动、进行户外活动等，共同促进幼儿身体素质的发展。同时，

幼儿园教师关注幼儿的情绪变化，给予及时的引导和支持，家长营造温馨和谐的家庭氛围，培养幼儿积极稳定的情绪状态，使幼儿在心理上做好入学准备。

（二）推动生活准备的有效落实

协同教育理论认为，家庭和幼儿园在幼儿生活准备方面具有各自的优势和责任。幼儿园可以通过系统的生活教育课程，培养幼儿的生活习惯和自理能力；家长则在日常生活中给予幼儿更多的实践机会，如让幼儿自己穿衣、洗漱、整理书包等，强化幼儿的生活自理能力和自我管理能力。家园共育能够使生活准备教育更加系统、全面，提高教育效果，帮助幼儿顺利适应小学的生活节奏。

（三）助力社会准备的良好建构

在社会准备方面，家园共育具有重要的理论意义。根据生态系统理论，家庭和幼儿园是幼儿社会交往的重要场所。幼儿园通过组织集体活动、合作游戏等方式，培养幼儿的交往合作能力和规则意识；家长带幼儿参加社交活动、鼓励幼儿与邻里小朋友交往等，拓展幼儿的社交圈子，提高幼儿的社会适应能力。家园共育能够为幼儿提供多元化的社会交往机会和实践平台，帮助幼儿建立良好的社会人际关系和社会行为规范，为幼儿顺利融入小学集体生活奠定基础。

（四）提升学习准备的质量水平

从协同教育理论的角度出发，家园共育能够整合家庭和幼儿园的教育资源，共同提升幼儿的学习准备水平。幼儿园教师通过开展丰富多彩的学习活动，激发幼儿的学习兴趣和好奇心，培养幼儿的学习习惯和学习能力；家长在家中营造良好的学习氛围，陪伴幼儿阅读、学习，引导幼儿观察生活中的事物，培养幼儿的观察力和思维能力。家园共育能够使学习准备教育更加连贯、一致，提高幼儿的学习品质和学习效能，为幼儿进入小学后的学习生活做好充分准备。

四、结论

综上所述，家园共育在幼小衔接"四大准备"中具有重要的理论意义。基于生态系统理论和协同教育理论，家园共育能够促进幼儿身心准备的全面发展、推动生活准备的有效落实、助力社会准备的良好建构、提升学习准备的质量水平。

因此，我们应充分认识到家园共育在幼小衔接中的重要作用，加强家庭与幼儿园之间的合作与交流，共同为幼儿的幼小衔接创造良好的教育环境，促进幼儿顺利过渡到小学阶段，为其未来的学习和发展奠定坚实的基础。

（中共长春市委机关幼儿园　张玉芙）

参考文献

［1］教育部.幼儿园入学准备教育指导要点［Z］.2021.

［2］布朗芬布伦纳.人类发展生态学［M］.北京：人民教育出版社,1999.

［3］吴重涵，王梅雾，张俊.家校合作：理论、经验与行动［M］.南昌：江西教育出版社，2013.

实践探索

幼小衔接家园共育实施策略

本文依据教育部《幼儿园入学准备教育指导要点》的"四大准备"，深入探讨了幼小衔接中家园共育的实践路径。通过开展一系列家园共育活动，帮助幼儿在身心、生活、社会和学习方面做好入学准备，同时提出保障家园共育实践的措施，为幼儿顺利过渡到小学阶段提供有力支持。

一、引言

从幼儿园到小学，是孩子成长过程中的一个重要转折点。在这个过渡阶段，如何让孩子顺利适应新的学习和生活环境，是家长和教育工作者共同关注的问题。幼小衔接至关重要，它关系到孩子能否快速适应小学的学习节奏、建立良好的人际关系以及培养积极的学习态度。其中，做好身心准备、生活准备、社会准备和学习准备是关键所在。

在现实中，幼儿园和家庭作为孩子成长的两大重要场所，需要紧密合作，形成家园共育的良好模式。本文将探讨在幼小衔接过程中，家园如何携手通过一系列实践活动帮助孩子做好"四大准备"，助力孩子顺利开启小学学习生活新篇章。

二、基于幼小衔接"四大准备"的家园共育实施策略

（一）身心准备

身心准备是幼儿顺利过渡到小学的基础，关乎幼儿对小学的向往以及身心的健康发展。通过家园合作开展一系列活动，帮助幼儿在身心方面做好入学准备。

具体实施策略：

1.家园共同组织"我要上小学"主题活动，家长与幼儿一同参观小学，了解小学的环境、课程和活动；幼儿园教师邀请小学教师和学生到园分享经验，让幼儿对小学生活产生期待和向往。

2.开展亲子运动活动，如家庭与幼儿园联合举办亲子运动会，设置各类亲子运动项目，增强幼儿体质，发展动作协调能力。

3.家园合作开展情绪管理活动，如家长和教师共同引导幼儿识别和表达自己的情绪，通过绘画、故事分享等形式帮助幼儿学会调节情绪。

（二）生活准备

生活准备是幼儿适应小学独立生活的必要条件，良好的生活习惯和自理

能力对幼儿未来发展至关重要。为此，家园携手开展多种活动以培养幼儿的生活能力。

具体实施策略：

1.家园携手制定"生活自理能力培养计划"，设定阶段性目标，如穿衣、系鞋带、整理个人物品等，并通过打卡活动鼓励幼儿坚持练习。

2.举办"生活小能手"比赛，家庭和幼儿园共同组织，让幼儿在比赛中展示生活技能，如整理书包、叠衣服、扫地等，提高他们的自理能力和生活习惯。

3.开展"安全小卫士"活动，家长与教师共同为幼儿讲解安全知识，进行安全演练，如消防演习、地震避险演习等，增强幼儿的安全意识和自我保护能力。

（三）社会准备

社会准备对幼儿融入小学集体生活、建立良好人际关系具有重要意义，家园需协同合作帮助幼儿提升社会交往等能力。

具体实施策略：

1.组织"合作大挑战"活动，家园共同设计合作任务，如搭建积木城堡、亲子与师幼共同完成户外探索任务等，培养幼儿的合作意识和团队协作能力。

2.开展"规则在我心"活动，家庭和幼儿园统一规则标准，如遵守交通规则、公共场所秩序等，通过游戏、角色扮演等方式让幼儿理解和遵守规则。

3.举办"小小志愿者"活动，鼓励幼儿在幼儿园和社区参与志愿服务活动，如照顾园内植物、为社区老人表演节目等，培养幼儿的任务意识和责任感，增强他们对集体的认同感和归属感。

（四）学习准备

学习准备是幼儿适应小学学习生活的关键，家园需共同激发幼儿的学习兴趣，培养良好的学习习惯和能力。

具体实施策略：

1. 开启"阅读时光"活动，家园共同营造阅读氛围，家长每天设定亲子阅读时间，幼儿园开展图书漂流、故事大王等活动，激发幼儿的阅读兴趣，培养阅读习惯。

2. 组织"创意学习坊"活动，家庭与幼儿园共同提供丰富的学习材料和资源，如拼图、积木、科学实验套装等，鼓励幼儿动手操作、探索发现，发展幼儿的学习能力和思维能力。

3. 开展"前书写与前运算"活动，家长在家中引导幼儿通过画画、写信等方式进行前书写练习，幼儿园开展思维游戏、数学活动等，为幼儿进入小学的学习做好准备。

三、幼小衔接家园共育的保障措施

（一）建立有效的沟通机制

通过定期召开家长会、建立家长微信群、个别面谈等方式，保持家园之间信息的及时传递与共享，共同关注幼儿的发展状况和需求。

（二）加强教师与家长的培训与指导

开设家长学校，组织专业培训，帮助教师和家长深入理解"四大准备"的内涵和要求，统一教育观念，掌握科学的教育方法和策略，提升家园共育的能力。

（三）形成教育合力

家园双方明确各自在幼小衔接中的角色和责任，相互支持、相互配合，共同为幼儿创造一致的教育环境和教育要求。

四、结论

在幼小衔接的过程中，依据《幼儿园入学准备教育指导要点》的"四大准备"，通过家园共育的实践探索，能够为幼儿的入学适应和未来发展奠定坚实基础。通过整合家园教育资源，开展丰富多样的共育活动，建立保障机制，能够形成强大的教育合力，促进幼儿全面发展，实现从幼儿园到小学的顺利过渡。未来，我们应不断深化家园共育的实践研究，为儿童的成长创造更优质的教育条件。

（中共长春市委机关幼儿园　代金航）

典型经验

幼小衔接家园共育多元实践

幼小衔接是幼儿成长过程中的重要阶段，家园共育在其中发挥着关键作用。本文依据幼小衔接的大政方针，以中共长春市委机关幼儿园为例，从落实国家政策、基于园本特色、结合地域特色三个方面阐述幼小衔接中家园共育的典型经验与做法，通过具体实例展现家园共育促进幼小衔接的有效路径，为相关教育实践提供参考。

一、引言

幼小衔接是学前教育向小学教育过渡的关键时期，对幼儿的学习与发展具有重要意义。在这一过程中，家园共育能够整合家庭和幼儿园的教育资源，形成教育合力，帮助幼儿顺利实现从幼儿园到小学的平稳过渡。

在幼小衔接家园共育实践中，需要把握一定的原则，方能更好地达成教育目标。一是双向互动，家庭与幼儿园积极参与，双向沟通反馈；二是循序渐进，依据幼儿身心发展与学习规律，逐步推进教育活动；三是全面发展，着眼幼儿身体、心理、社会适应性和学习能力等多方面。

二、落实国家政策，做好幼小衔接家园共育

（一）政策引领

近年来，国家高度重视幼小衔接工作，出台了一系列政策文件，如《关于大力推进幼儿园与小学科学衔接的指导意见》。此外，劳动教育相关政策也不断推出，例如强调要在大中小学设立劳动教育必修课程、系统加强劳动教育等，为幼小衔接阶段的劳动教育提供了政策导向。

（二）典型经验与做法

我园积极响应国家政策，深入学习和领会幼小衔接相关文件精神，成立了幼小衔接工作领导小组，制定了详细的幼小衔接工作计划，定期组织教师参加幼小衔接专题培训，邀请专家进行政策解读和指导。

加强与周边小学的沟通与合作，建立了幼小衔接协同机制。双方定期开展交流活动，共同研究幼小衔接课程内容、教学方法和评价方式等。例如，幼儿园教师走进小学课堂，了解小学教学模式和要求；小学教师深入幼儿园，了解幼儿的学习特点和发展水平，为开展幼小衔接工作奠定了坚实基础。

在劳动教育方面，家园携手开展"我是劳动小能手"活动。鼓励幼儿参与简单的家务劳动，如扫地、擦桌子、摆放餐具等，并通过拍照、记录等

方式进行反馈。同时，幼儿园还组织"亲子农场体验"活动，家长与幼儿一同到幼儿园的种植园，进行播种、除草、采摘等劳动体验，让幼儿在实践中感受劳动的乐趣和价值。

三、围绕园本特色，做好幼小衔接家园共育

（一）园本特色——健康教育

我园以健康教育为园本特色，将健康教育理念贯穿于幼小衔接工作始终。在身心准备方面，通过开展丰富多样的体育活动，如亲子运动会、户外拓展活动等，提高幼儿的身体素质和运动能力，培养幼儿的合作意识和竞争意识。

（二）典型经验与做法

例如，在亲子运动会中，设置了"亲子接力赛""亲子跳绳"等项目，家长和幼儿共同参与，不仅增强了亲子关系，还锻炼了幼儿的身体协调性和反应能力。在生活准备方面，开展"生活小能手"活动，培养幼儿的生活自理能力和良好的生活习惯。

在心理健康方面，我园定期举办家长讲座和亲子沙龙活动，邀请心理咨询师为家长和幼儿提供心理健康指导，帮助家长掌握科学的育儿方法，营造良好的家庭氛围，促进幼儿心理健康发展。

四、围绕地域特色，做好幼小衔接家园共育

（一）地域特色——东北文化

东北地区有着独特的文化资源，我园充分挖掘和利用这些资源，开展具有地域特色的幼小衔接活动。组织语言、艺术、社会交往等方面的亲子活动，幼儿学习东北民间故事和东北民俗儿歌，培养幼儿的文化认同感。

（二）典型经验与做法

例如，语言方面开展"东北民俗儿歌"活动，让幼儿在游戏中感受东北民俗的魅力；邀请民间艺人到园讲述东北民间故事，激发幼儿的学习兴趣。

在艺术方面，开展"东北民俗艺术体验"家长开放活动，让幼儿了解和体验东北的剪纸、秧歌、二人转等民俗艺术。组织幼儿和家长学习剪纸艺术，创作出具有东北特色的剪纸作品；邀请秧歌队到园表演，让幼儿学习秧歌的基本动作和舞步，感受东北民俗文化的独特韵味。

在社会交往方面，利用东北地区冬季寒冷的气候特点，开展"冰雪嘉年华"活动，组织幼儿和家长一起堆雪人、打雪仗、滑冰等，培养幼儿的合作能力和交往能力。把握传统节日契机，组织家长开放活动，例如元宵节邀请家长舞龙舞狮、猜灯谜等。

五、结论

总之，在幼小衔接工作中，家园共育至关重要。我园在围绕幼小衔接政策方针、园本特色和地域特色等方面进行了积极的探索和实践，取得了显著的成效。这些经验和做法为其他幼儿园开展幼小衔接家园共育工作提供了有益的借鉴和参考。

（中共长春市委机关幼儿园　张玉芙　杨薇　代金航）

优秀案例

我们爱劳动

一、活动实录

在幼小衔接政策背景与劳动教育要求下，"我们爱劳动"活动应运而生。

活动伊始，教师与家长充分沟通，了解幼儿在家的劳动表现。在此基础上，引导幼儿探讨大班与中班值日生的不同，孩子们各抒己见。随后，通过家园共同商议和投票，确定增加擦钢琴、门框等值日内容，劳动活动就此展开。

然而，不久后问题浮现。教师与家长交流中察觉，幼儿请假回园后劳动技能有所退化，且在家中参与劳动的积极性不高。针对这一情况，家园携手制定策略，鼓励幼儿在幼儿园承担班级劳动任务的同时，在家也积极参与家务劳动。家长们纷纷响应，通过拍照、录制视频的方式记录孩子的劳动过程并分享给教师，教师则依据反馈给予针对性的指导与鼓励。

　　在实施过程中，诸如睿睿整理药箱遇到"危险"提示、桐桐扫地碰到困难、小象拿不到高处衣服等问题接连出现。对此，教师与家长鼓励幼儿大胆提出问题，一起开动脑筋想办法，并开展问卷调查，共同探讨适合长期坚持且满足家人需求的家务劳动内容，以此培养幼儿为家人考虑的意识和能力。

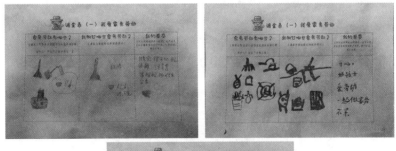

第一次调查问卷，帮助家长正确认识孩子的劳动

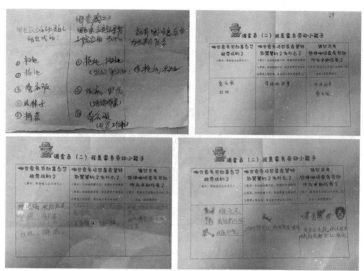

第二次问卷调查，思考家人需求，寻找长期任务

随着劳动活动的深入推进，幼儿在劳动价值认知方面的问题逐渐暴露。教师及时与家长沟通了解孩子们的想法后，家园双方共同组织引导活动，比如让幼儿分享做家务的感受，播放有关劳动意义的视频等，帮助幼儿理解劳动的价值与意义。此外，家园还计划携手开展社会调查活动，带领幼儿深入了解各行业的劳动情况。

二、案例分析

（一）立足幼小衔接，搭建家园共育桥梁

本活动紧扣幼小衔接需求，以劳动教育为载体，成功搭建起家园共育的桥梁。依据相关政策要求，家园双方协同合作，助力幼儿养成良好的劳动习惯、提升劳动技能，为幼儿从幼儿园到小学的顺利过渡做好充分的生活准备。

（二）尊重认知差异，支持幼儿成长

在活动中，教师尊重并接纳幼儿在劳动认知与实践过程中表现出的个体差异。当幼儿在劳动技能上存在不足或出现认知偏差时，教师给予耐心地引导和帮助；对于幼儿在家劳动意愿低的状况，教师与家长携手解决，支持幼儿在反复实践中构建劳动经验，实现成长发展。

（三）挖掘劳动价值，促进全面发展

教师深入挖掘劳动活动对于幼儿成长的价值。通过劳动，幼儿不仅提高了生活自理能力，还培养了积极的自我意识、自我效能感，增强了情绪稳定性、自信心、适应能力和坚毅品质。在家园的紧密合作下，实现了幼儿能力的有效衔接与过渡，为幼儿的未来发展筑牢根基。

（中共长春市委机关幼儿园　代金航）

向往小学

一、活动实录

随着幼儿园大班孩子即将升入小学，为帮助他们顺利过渡，我们开展了"向往小学"幼小衔接家园共育活动。

活动伊始，我们邀请孩子们画出自己心目中的小学。孩子们热情高涨，用画笔描绘出想象中的学校建筑、教室、操场等。他们积极分享画作，畅想着即将到来的小学生活。

接着，进入"我担心的事情"环节。在老师和家长营造的安全、舒适氛围中，孩子们纷纷说出对小学生活的担忧，如"作业会不会很多""交不

到新朋友怎么办"等。老师和家长耐心倾听，给予积极回应和建议，让孩子们知道担忧是正常的且有办法解决。并且，我们邀请了几位小学生哥哥姐姐，向孩子们分享小学的日常生活、学习经验、课外活动等。在互动环节，孩子们踊跃提问，哥哥姐姐们耐心解答，让大家对小学生活有了更真实的认知。

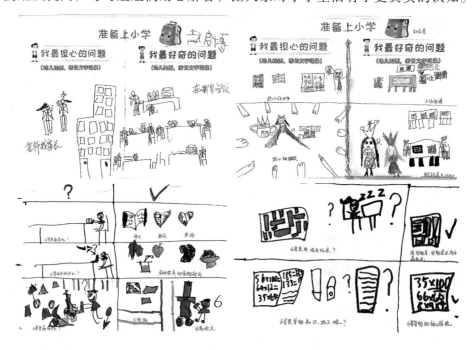

最后，我们组织孩子们及家长参观了附近的小学。在小学老师的引导下，孩子们体验了上课、下课、做操等环节，亲身感受了小学的氛围。参观结束后，孩子们分享自己的感受，同时还意犹未尽地通过网络进行云参观小学，对未来的小学生活充满期待和信心。

二、案例分析

"向往小学"活动是一次成功的幼小衔接家园共育实践，在家园双方的协同努力下，为幼儿顺利过渡到小学阶段发挥了重要作用。

首先，在活动准备阶段，家园能够密切合作，充分交流沟通，共同确立活动方案与目标。家长积极参与策划，提供针对性建议，使活动贴合幼儿需求，为活动顺利开展奠定坚实基础。

其次，在活动过程中，家园携手为幼儿营造良好氛围。让幼儿能够自由表达对小学的憧憬与忧虑，家长的陪伴与引导给予幼儿心理支持，增强其面对新环境的勇气与信心，促进幼儿的情感发展与心理建设。

同时，家园双方共同整合资源，如发挥小学生榜样作用，使幼儿获得真实的小学认知，消除入学的陌生与恐惧。同时，双方相互配合，及时给予指导与鼓励，帮助幼儿更好地理解和适应小学相关内容。

最后，在参观小学活动中，家园协同合作，带领幼儿实地体验。过程中双方紧密配合，关注幼儿状态并给予引导帮助，进一步深化幼儿对小学的了解，为入学做好充分准备。

活动结束后，家长的积极反馈与支持，推动了家园共育的深入发展，也为后续幼小衔接工作注入动力，形成家园教育合力，共同助力幼儿成长。

（中共长春市委机关幼儿园　刘丽娜）

我的一分钟

一、活动实录

在大班幼儿即将迈进小学的重要阶段，为帮助孩子们更好地适应小学生活，我们开展了"我的一分钟"家园共育活动，引导幼儿感知时间、管理时间。

活动筹备前，我们积极与家长沟通，共同规划活动方案，设计了"一分钟挑战""一分钟生活记录"等趣味实践活动，还精心准备了时间主题绘本、视频等教育材料。

在活动打卡的过程中，家长热情参与，和孩子们携手挑战，包含多种"一分钟挑战"环节，比如孩子们在一分钟内拍球、跳绳等任务，孩子们真切感受到时间的稍纵即逝与任务完成的紧迫感。在"一分钟生活记录"中，孩子们记录自己一分钟内读书页数、画画数量等，通过实际体验深刻认识到一分钟虽短，但合理运用也能收获很多，明白了时间的宝贵。

在活动过程中，孩子们的变化有目共睹。他们开始珍惜时间，尝试合理规划学习与生活，不再随意消磨时光；在与家长共同完成任务中，学会了合作与分享，倾听他人意见。

一分钟可以串好一串手链　一分钟可以拍七十个球　一分钟可以玩一次简单的数字华容道　一分钟可以跳一百个小绳

一分钟可以剪一个简单的图案　　　　一分钟可以做12道数学题　　　　一分钟可以写15个字

二、案例分析

"我的一分钟"活动以家园共育为核心,在助力幼儿幼小衔接方面取得了显著成效,主要体现在以下几个方面:

首先,从教育目标与理念的协同来看,活动筹备期间,幼儿园与家长充分沟通交流,共同确定活动方案,使得家园双方在"培养幼儿时间管理能力,为幼小衔接做准备"这一目标上达成高度一致。这种目标与理念的协同,为活动的成功开展奠定了基础,确保了教育方向的一致性,让家园双方能够形成合力,共同为孩子的成长助力。

其次,在教育过程中的互动合作方面,家长积极参与,与孩子们一起完成各项挑战任务。这种亲子间的亲密互动,不仅增强了家庭内部的教育氛围,更让家长在实践中了解到孩子在时间管理方面的现有水平和需要提升的方向。同时,家长与教师在活动现场的交流与配合,也促进了家园教育方法的相互借鉴与学习,使得双方能够更好地发挥各自的优势,实现互补。

最后,从教育效果的延伸与巩固来看,打卡活动结束后,家长们继续在日常生活中针对性地引导孩子合理安排时间,将活动中培养的时间管理意识和能力进一步巩固和拓展。同时,通过此次活动建立起的家园沟通桥梁,也为后续在幼小衔接的其他方面开展合作提供了良好的范例和经验,使家园共育能够持续、深入地推进,为幼儿顺利适应小学生活提供全方位、持续性的支持。

在未来的教育工作中,我们将继续深化家园共育模式,不断探索创新,为幼儿的幼小衔接和全面发展创造更优质的教育环境，让每一个孩子都能以最好的状态迎接小学生活。

（中共长春市委机关幼儿园　王迪）

扫码观看《幼小衔接中的家园共育》视频片段

话题七
幼小衔接教育实践经验

立足区域教研　助推幼小科学衔接

为落实《吉林省教育厅关于印发〈推进幼儿园与小学科学衔接攻坚行动实施方案〉的通知》《长春市推进幼儿园与小学科学衔接攻坚行动实施方案》的要求，结合《绿园区幼小衔接工作实施方案》，绿园区教师进修学校采用"分层推进、分类指导、重点突破、整体提高"的工作策略，结合大园区、一优一带和幼小联合教研工作，整合全区教研资源，构建"1+14/6+N"的工作模式，以"去除小学化倾向，幼小有效衔接"为主题，制定工作方案，加大对优质资源的开发与共享，启动实验试点园，加强联合教研，引导区内幼儿园进行科学有效的幼小衔接，以区域教研助推幼小衔接，初步形成科学衔接的教育生态。

一、统一思想，构建工作机制

制定并下发《绿园区教师进修学校幼教部推进幼小衔接实施方案》《绿园区幼小衔接联合教研方案》，以教育联盟共同体为单位，引领共同体和幼儿园制定工作方案，统一思想，明确机制，并与小学教研部建立幼小双向衔接的工作机制，对接搭建联合教研共同体，确保幼小衔接工作顺利推进，取得实效。

二、区域联动，推动幼小衔接

结合各共同体的工作部署，绿园区加大对引领园优质资源的开发与共享，开展进修学校引导下的区域联动活动。

（一）开展专题培训，转变教育理念

依托市专家型园长、绿园区人才库成员开展"去除小学化倾向，幼小有效衔接"的培训活动，如幼教部杜荣主任的幼小衔接讲座、市里幼小衔接公益性讲座，以及春郊共同体邀请东北师大博士生导师吴琼主讲的线上讲座《师幼互动质量的内涵分析及提升策略》等，不断更新教师观念，提升专业水平，共研促长。

（二）试点园所引领，开展联合教研

确定绿园区第一实验幼儿园与迎宾路幼儿园为试点园所，以试点园所引领全区幼儿园幼小衔接活动的开展。加强幼儿园和小学的教学交流与合作，以线上线下相结合的教研形式，搭建专业平台，组织开展跨校教研、园校合作教研等多种形式的交叉培训和衔接活动，充分发挥幼小一体的优势，探索幼儿园体验式课程和小学"零起点"教学体系，开展小学与幼儿园互动的系列体验活动，总结并完成《绿园区幼小科学衔接行动指南》和《绿园区幼小科学衔接指导建议》两部合集，并定期开展联合教研阶段性成果汇报，引领本区幼小衔接工作的进一步开展。

（三）名师送教入园，引导游戏课程

针对薄弱幼儿园和农村幼儿园，每年组织区内名园长和名师精选的游戏化讲座与课程进行线上线下送教活动，满足园所幼小衔接课程发展的需要。

（四）加强课题研究，拓展衔接路径

以全国"十三五"教育部规划课题"益智课堂与思考力培养的实践研究"、市规划课题"幼儿园幼小衔接的实践研究"、市课程游戏化专项课题、市城

乡一体化专项课题以及各幼儿园自主立项课题，引导幼儿园以课程游戏化为基点，推进幼小衔接的正确开展。

（五）结合联盟工作，完善评价机制

下发《绿园区一优一带教育联盟共同体教研工作考核标准》，从共同体工作计划、工作会议、月教研活动、月自主学习、活动报道、课题活动、评选活动、教师成长等方面，规范一优一带共同体教研活动，进一步规范区域性幼小衔接活动的有效开展。

（六）对接内外区域，开展双区联动

挖掘区域内外资源，以区内资源对接区外资源，开展内外结合活动，如依托本区孙红艳名师工作室与朝阳区胡舒宇名师工作室开展绿园区与朝阳区的"双区联动幼小衔接游戏化课程活动"，拓展幼小衔接活动范围，以双区域资源共享共进方式引领发展方向。

三、区域内动，落实幼小衔接

结合各共同体的工作部署，以幼小衔接为载体，以优化一日活动为立足点，从成员园需求出发开展内需教研活动，调动所有幼儿园的积极性，开展引领园引导的区域内动活动。

（一）三阶段并举，完善教研内动机制

第一阶段是以引领园为主的衔接活动。帮扶园通过观摩引领园幼小衔接讲座活动、研讨活动、常规活动、安全教育、领域活动等，开阔眼界，对照自身，寻求方向。

第二阶段是以帮扶园为主的衔接活动。通过帮扶园活动开放、观摩课等方式进行展示，以引领园驻园指导等方式进行互动共长，让幼小衔接落实到日常工作中。

第三阶段是引领园与帮扶园共同活动。如市一园依托"孙红艳名师工作室"开展《基于图画书的幼儿情绪表达能力提升策略》的"一优一带"幼小衔接成果展示活动；绿园区实验幼儿园开展办园理念交流分享展示会；

同心幼儿园开展幼小衔接教育教学观摩活动展示。活动中展示了不同领域、不同年龄段、不同形式的活动，为幼儿园幼小衔接科学发展成果总结奠定了基础。

（二）多维度活动，提升教师专业能力

依托"一优一带"教育联盟共同体开展区域性教师活动，以活动促进教师不同层面的提升，如培训活动、师德演讲比赛、班主任技能比赛、教师五项技能比赛、教师说课比赛、教师教育故事分享、园长业务能力比赛以及教育联盟月教研与帮扶展示活动等，将"一优一带"工作与教师活动充分结合起来，充分利用信息化手段提升教研活动质量和教师业务能力，真正实现优质资源共享、互学互鉴。

（三）参与性活动，开展园校联合教研

切实落实"五个一"活动（幼儿园与小学每月领导一对话、教师一教研、幼儿一牵手、班级一结对、家长一参与），大力探索幼小衔接园（校）本课程和教学标准的构建、开发和实施。如走进小学活动中，通过参观学校和走进课堂，让幼儿们提前体验小学的生活，激发他们上学的欲望；请进幼儿园活动中，请小学生走进幼儿园，和幼儿们进行面对面交流和红领巾活动，让幼儿知道做一名小学生的标准和少先队员的光荣。请小学班主任开展有针对性的家长会，让教师与家长了解小学的教育模式和评价标准，促进幼儿与家长在入学前做好各种准备。

（四）对接式入园，引领幼小科学衔接

各共同体成立以业务园长和骨干教师为主的区域专家组，开展双区域自由对接式入园指导。通过听取汇报、参观园所环境、观摩教学和区域活动、与园长交流互动等方式，对幼儿园的幼小衔接现状及存在的问题进行现场诊断与梳理，同时提出建设性意见，促进区域间各幼儿园的均衡发展。

总之，在幼小衔接工作中，绿园区注重凸显特色，开展区域联合教研和区域内动教研，将帮扶与特色相结合、引领与自主相结合、外供与内需相结合、帮扶与常态相结合，推动区域内幼小衔接科学发展和常态发展，为长春市幼小衔接科学发展不断贡献绿园力量！

（绿园区教师进修学校幼教部　杜荣）

让幼儿快乐地走进少年的春天里

在现代生活中，幼小科学衔接教育的重要性不言而喻，它作为幼儿教育和小学教育之间的纽带，承上启下，直接影响着幼儿后续的发展轨迹。幼儿时期是人生中最关键的成长阶段之一，这个阶段的教育环境和教育模式将深刻影响他们的学习兴趣、学习态度以及认知能力的培养。幼小衔接教育也是当前教育领域的重要议题，教育部出台的《幼儿园入学准备教育指导要点》为幼儿园和家长在幼小衔接阶段提供了重要的指导。为了推进幼小衔接教育工作的深入开展，朝阳区教师进修学校教研部门积极探索、创新实践，形成了具有本区域特色的一系列典型做法，并取得了良好的实效。

一、典型做法

（一）制定幼小衔接教育实施方案

朝阳区教师进修学校学前部和小教部根据我区实际情况，制定幼小衔接教育实施方案。该方案明确了幼小衔接教育的目标、任务、措施和评价方式，为幼儿园和小学提供了具体的操作指南。例如，以建立理念衔接、教研交流及分享、师幼角色互换、幼小交流、家园校合作的"五维机制"为出发点，搭建双向衔接多维度推进路线，实现园校衔接，互学、互联、互通、互换、互融。再如，重视实践研究，形成具有可操作性的幼儿入学准备个性化支持案例及课程故事等方面的内容。

（二）加强幼小衔接课程体系建设

组织幼儿园和小学教师共同研讨，构建幼小衔接课程体系，注重幼小阶段的连贯性和过渡性，既符合幼儿的身心发展规律，又为小学学习打下坚实基础。例如，构建"参观小学体验生活"系列课程，为了让幼儿更好地了解小学的生活和学习环境，朝阳区各幼儿园定期组织幼儿参观小学，观看升旗仪式和广播体操，参观操场、教室、图书室等场所。同时，安排幼儿与小学生同上一节课，体验小学的学习方式和氛围。通过这种方式，幼儿对小学有了更直观的认识，激发了他们上小学的愿望。再如，聚焦幼小衔接共同关注的重点内容，开展"整理小书包"系列课程活动。

（三）开展联合教研活动

定期组织幼儿园和小学教师进行联合教研活动，共同探讨幼小衔接教育中的问题与挑战。通过观摩教学、交流经验、研讨幼小衔接案例等形式，提升教师的专业素养和教育教学能力。例如，建立双边教研共同体，开展双边科研活动。老师们共同制定年度教研计划，每月组织幼儿园和小学共同开展一定的协同教研活动，并将每次讨论的结果和反思作为下一步推进的主要依据。针对幼小衔接教育中出现的问题和困惑，构建横向联动、纵向深入的教研网格，形成理论与实践相结合的"六步"教研，即确立共同关注、找准核心问题、预先思考分析、实质互动活动、明确结果导向、实践行动研究。再如，研讨幼小衔接背景下的数学教育，并采取相应措施在自己的教学实践中落实。又如，开展系列主题活动，培养幼小衔接适应能力。朝阳区幼儿园通过开展"我要上小学了""我心目中的红领巾""学做小学生""开学第一课"等主题活动，帮助幼儿了解小学的规章制度、学习方式和生活习惯。在活动中，幼儿通过绘画、角色扮演等形式，表达自己的想法和感受，增强了对小学的向往和适应能力。

（四）建立家园共育机制

建立家园共育机制，通过举办家长会、开展家长培训、邀请家长参与幼儿园活动等方式，使家长了解幼小衔接教育的重要性，引导家长积极配合和支持幼儿园的幼小衔接教育工作。同时，鼓励家长在家中为孩子创设与小学相适应的环境，培养孩子的自理能力、学习习惯、阅读习惯和劳动习惯等。例如，聚焦幼儿时间管理，倡导争做"时间管理小达人"，针对时间管理问题设计"体验一分钟""我的课间我做主"等活动。

秒针是哪一个呢

一分钟可以准备下节课的书本

（五）实施幼小衔接评价改革

朝阳区教研部门对幼小衔接教育评价进行了改革，注重过程性评价和多元评价。通过对幼儿在幼小衔接阶段的表现进行全面、客观的评价，及时发现问题并进行针对性的指导，促进幼儿全面发展。

二、实践效果

通过实施上述典型做法，朝阳区在幼小衔接教育方面取得了显著成效。幼儿园和小学之间的衔接更加顺畅，幼儿能够更好地适应小学生活和学习环境。同时，教师的专业素养和教育教学能力也得到了提升，为幼儿的全面发展提供了有力保障。

（一）搭建平台推动经验分享

为了进一步推广幼小衔接教育的成功经验，朝阳区教研部门定期举办经验分享会，邀请幼小衔接教育专家、优秀教师分享他们的做法和心得。通过交流和分享，研讨幼小衔接指导的新策略，促进教师之间的相互学习和进步，为幼小衔接教育的持续发展提供动力。

（二）全区联动开展培训指导

朝阳区教研部门重视加强对幼儿园和小学教师的培训与指导，提高教师的专业素养和教育教学能力。通过定期举办幼小衔接教育培训班、教学研讨会等活动，使教师们能够更好地了解幼小衔接教育的目标、任务和方法，为幼儿顺利过渡到小学阶段提供有力支持。

（三）拓宽资源践行家园校合作

为了加强家园校合作，区教研部门鼓励家长参与幼儿园的幼小衔接教育活动，与家长建立紧密的联系。通过举办家长会、亲子活动等形式，增进家长对幼小衔接教育的了解和认识。例如，开展在生活活动中促进幼小衔接社会准备的实践研究，使家长能够更好地配合幼儿园的幼小衔接教育工作，共同为幼儿的成长贡献力量。

（四）大力创新教学方法与手段

区教研部门积极推动教学方法和手段的创新，以更好地满足幼小衔接教育的需求。通过引入游戏化教学、情境教学等生动有趣的教学方法，帮助幼儿更好地适应小学生活和学习环境。同时，利用信息技术手段，如网络平台、多媒体教学资源等，丰富幼小衔接教育的教学内容，提高教学效果。

（五）积极关注幼儿心理健康

通过开展心理健康教育活动，帮助幼儿了解小学的新环境、新朋友、新老师，缓解他们对陌生环境的焦虑和不安。同时，引导幼儿建立积极的自我观念和自信心，为未来的学习生活打下良好基础。

（六）强化大园区幼儿园的合作与交流

为进一步落实《吉林省推行学前教育大园区管理改革的指导意见》《朝阳区推行学前教育大园区改革实施方案》中的相关要求，充分发挥大园区引领园引领辐射作用，提高大园区幼儿园教师教学能力和水平，不断提升幼小衔接教育的质量，区教研部门积极推动大园区幼儿园的合作与交流，通过定期举办幼小衔接教育研讨会、参观交流等活动，促使教师互相学习、互相借鉴，不断开阔视野，提升教育教学水平。

（七）高度重视教育研究与探索

区教研部门深刻认识到教育研究在幼小衔接教育中的重要性，开展多元化幼小衔接系列活动，鼓励教师积极参与教育研究，探索幼小衔接教育的规律和特点。通过开展教育研究，促使教师可以更好地了解幼儿幼小衔接方面的需求，为幼儿提供更优质的教育服务。

综上所述，在幼小衔接教育实践中，朝阳区教师进修学校教研部门不断总结经验，反思问题，注重收集和整理幼小衔接教育的相关资料，对教育实践进行深入的总结和反思。通过总结与反思，精炼幼儿园幼小衔接教育县区教研实践典型做法及实施经验，为幼小衔接教育的深入开展提供了有力支持。未来，我们将继续加强幼小衔接教育的研究和实践，不断完善幼小衔接课程体系和评价体系，提升教师的教育教学能力，为幼儿的全面发展创造更好的条件。同时，我们将更加注重与家长的沟通和合作，形成家园校共育的良好氛围，共同推动幼小衔接教育工作的深入开展。

（长春市朝阳区教师进修学校教育科学研究所　曹晓燕　谭晶）

参考文献

［1］教育部.幼儿园入学准备教育指导要点［Z］.2021.

［2］刘英民.幼小衔接在学前教育中的作用研究［J］.教学与管理，2019（06）：91-92.

［3］李素芳.幼小衔接研究现状与问题探究［J］.西部教育（中），2018（11）：121-122.

［4］黄燕.幼小衔接教育的现状与发展［J］.现代化教育管理，2017（17）：102-103.

温暖而有深度的文化回应性幼小衔接

长春经开区深入贯彻《关于大力推进幼儿园与小学科学衔接的指导意见》及《幼儿园入学准备教育指导要点》文件精神，持续推进幼小科学衔接。在经开区文化体育和教育局的引领下，在经开区教师进修学校的推动下，打破学段壁垒，以科研促教研，形成了"三联"模式——"横向联通，资源整合，大园区整体推进"的有效模式；"纵向联盟，学段融合，家园校携手衔接"的创新形式；"交叉联动，部门联合，多举措共促提升"的科学方式。聚焦三个探寻——探寻衔接全覆盖的设计，探寻主动衔接的理念，探寻经验链接的可能。根植幼儿发展课程，建构儿童生命成长底层而内在的植物性力量，支持儿童走向持续性的终身成长。

一、横向联通，资源整合，大园区整体推进

经开区以促进优质资源交流共享为策略，根据全区幼儿园实际情况及调研结果，对所有园所进行整体统筹、灵活安排，遵循双向选择、强弱搭配、

区域协同、宏观调控的原则，科学合理地构建区域教研联盟，组建经开区学前教育管理改革大园区，将辖区小学、各级各类幼儿园全部纳入教研联盟网络，实现衔接全覆盖。

立足入学准备教育研究，以大园区为载体，全员开展每月"五个一"行动，即"领导一对话""教师一教研""班级一结对""幼儿一牵手""家长一参与"，从领导、教师、班级、幼儿和家长不同层面开展学段互通、内容融合、交叉互动的主题活动。

以大园区为主体开展"聚焦幼小衔接四项准备，推动学前教育高质量发展"系列主题教研活动，以"身心准备、生活准备、社会准备、学习准备"为切入点，深入研究"入学准备"教育要点和实施路径。从儿童生命成长的角度探寻幼小衔接的目标、方式、成效，注重儿童学习品质、精神力量、人格发展的养成。大园区以线上线下相结合的形式，立足儿童视角，围绕社会交往、自我调控、规则意识、专注坚持等进入小学所需的关键素质，开展"我要上学了""我心中的小学""探秘小学""毕业季"等系列主题活动，帮助幼儿做好身心各方面准备，实现从幼儿园到小学的顺利过渡。结合成员园的实际需求，各大园区开展培训讲座、课题研究、实操体验、跟岗培训、同课异构、师徒结对等多种形式的教师研修活动。

二、纵向联盟，学段融合，家园校携手衔接

挖掘内生力量，拓展外在资源，努力构建幼小主动衔接的生态系统。经开区幼儿园围绕幼小衔接的话题，以辩论会、经验分享、案例分析的形式召开家长会，组织家长课堂活动；通过幼儿园网站和微信公众号定期推送政策解读、学习故事、课程故事；研发"空中课堂"，帮助家长通过亲子游戏聚焦幼儿人格发展。

以"入学准备教育——家长'云'课堂"为主题，请专家、邀骨干，发挥市级以上小学学科骨干教师和优秀班主任的专业引领作用，为幼儿园大班家长进行幼小衔接专题培训。小学低年级班主任现身说法，录制讲座视频，

经教研部门审核后推送至各幼小衔接大园区微信群中，供全区大班幼儿家长观看学习，切实从家长的实际困惑和需求出发，帮助家长认识过度强化知识准备、提前学习小学课程内容的危害，缓解家长的压力和焦虑，树立科学的育儿理念和正确的教育观念，正确理解家园校三方合力共育的重要意义。

小学名校长走进社区，进行幼小科学衔接专题讲座，为辖区居民提供科学的育儿指导。区内公办小学全部与辖区内幼儿园对接，开展大班小朋友"走进小学"的实践活动，学校精心设计参观环节，幼儿园的小朋友受到小学老师和哥哥姐姐的热情欢迎，零距离了解小学生活，充满了对小学生活的憧憬和期待，营造了家园校携手育人的良好氛围。

三、交叉联动，部门联合，多举措共促提升

寻找双学段的内在链接，实现课程衔接的深度探寻。经开区教师进修学校学前部、小教部、教研部、师培部、科研部及综合部联合开展研究活动，重点针对《幼儿园入学准备教育指导要点》《小学入学适应教育指导要点》进行研讨，制定《经开区幼小科学衔接联合教研工作方案》，明确区教研部门、引领园、引领校、成员园的职责。

组织小学学科名师工作室成员走进幼儿园，聚焦学科核心素养，开展幼小衔接联合教研活动。幼儿园进行集中教学活动展示，活动观摩后，授课教师就活动设计、教学反思做真诚的交流，名师工作室成员与联盟园教师进行"学科的深度衔接"研讨活动。双方老师直面"幼小"问题，就幼儿领域的核心经验及小学生的学科核心素养展开讨论，从《3~6岁儿童学习与发展指南》到《义务教育课程标准（2022年版）》，从小学跨学科学习到幼儿园领域融合，大家在思想碰撞中达成共识。邀请小学教师走进儿童区角游戏、生活活动、集体教学等环节，多视角地转变角色，亲身体验教学方式的转变，深入了解儿童的年龄特点和学习方式。幼儿园教师主动走进小学课堂，完备有关小学生活和学习更细节的认知，了解小学阶段的任务，倒推学前儿童经验体系的建构。

发挥引领园骨干教师的示范作用，开展"送课下乡"活动，与参会教

师展开沉浸式互动交流研讨，现场气氛活跃，反响热烈，实现了城乡幼儿园教师之间教育理念的互通，有效搭建了城乡学前教育联系的桥梁，加强了城乡幼儿园之间教育教学的交流，促进了教师间的教学互助、共同成长。

面向全区小学和幼儿园开展幼小科学衔接优秀案例评选活动，坚持儿童为本原则，遵循儿童发展的连续性、整体性和可持续性，支持儿童持续探究和学习。幼儿园教师要能够抓住游戏中的教育契机，给予幼儿适时、适宜的回应和支持，使其在游戏中发现问题、解决问题、主动探究，获得一个或多个领域学习与发展的有益经验；小学教师要积极倾听学前儿童的需要，调整一年级的课程教学及管理方式，创设包容和支持性的学校环境，最大程度消除儿童的陌生体验和不适感，促进儿童以积极愉快的情绪投入小学生活。通过活动的开展，评选出具有可借鉴、可推广的优秀案例，实现区域内优质资源共享。

为提升园长和教师的科研意识，开展全区"园长科研能力提升"培训活动，为全区幼儿园园长更新了教育科研的理念，拓宽了思路，明确了路径。鼓励引领园带动成员园，对幼小衔接工作进行总结梳理，发现成功经验，找出实践中的困难和不足，分析原因及解决策略，主动参与市级"十四五"规划课题和专项课题的申报工作。2023 年度有 4 项科研课题顺利结题，另有 7 项课题成功立项，其中包括区学前教研员主持的《构建区域幼小双学段教研共同体的实践研究》等 4 项课题为幼小衔接入学准备方面的研究，参与研究园所 22 个，参与园长、教师共计 80 人，形成了科研引领教研、教研促进科研、教研相长的良好态势，从而助力我区幼儿园内涵发展。

自 2021 年 4 月教育部印发《关于大力推进幼儿园与小学科学衔接的指导意见》以来，长春经开区行政与教研部门主动作为，带领幼儿园深入研究《关于大力推进幼儿园与小学科学衔接的指导意见》及《幼儿园入学准备教育指导要点》文件精神，打破学段壁垒，以科研促教研，真正实现"送一程，接一站，双向衔接，共助成长"的良好氛围，支持儿童走向持续性的终身成长。

（长春经济技术开发区教师进修学校　卢佳蔚）

掬萤成炬逐梦行　师幼携手赴锦程

人生百年，立于幼学，科学的幼小衔接可以为幼儿的后继学习和终身发展奠定良好的基础。自2010年《国务院关于当前发展学前教育的若干意见》出台，防止和纠正幼儿教育"小学化"倾向成为幼小衔接策略的常态化要求。2021年，教育部颁布的《关于大力推进幼儿园与小学科学衔接的指导意见》明确要坚持儿童为本、双向衔接。净月高新区尊重幼儿发展规律，扎实推进幼儿园与小学、社会资源多方联动，深度挖掘区域内资源，以"幼小双向衔接，儿童快乐成长"为原则，聚焦儿童立场，探索和构建幼小衔接科学的、可推广的、常态化的实践路径。

一、精心打造教师队伍，保障幼小衔接工作深入开展

（一）夯实理论基础，明确教学方向

1.理论学习日常化

把《幼儿园工作规程》《幼儿园教育指导纲要（试行）》《3~6岁儿童学习与发展指南》《幼儿园教师专业标准》《关于大力推进幼儿园与小学科学衔接的指导意见》《幼儿园保育教育质量评估指南》的内容整理成多种形式的练习题。第一轮每周下发到幼儿园自行组织学习验收，第二轮是集中进行命题验收，第三轮是在"净月幼教"微信公众平台每周循环发布，2023年下半年还增加了案例分析的内容。

2.读书交流常态化

净月区学前教研把读书作为一项常规工作。2023年正式启动了为期三年的专项读书逐光行动，分为"牵手阅读，追光起航""走进阅读，沐光前行""享受阅读，灿若星海"三步，每月中旬进行现场交流，仅2023年参与现场交流教师就达200余人次，并组织教师在"净月幼教"微信公众平台每周进行好书推荐。

（二）搭建展示平台，促进专业发展

1.交流展示系列化

净月区教研中心开展了为期三年的幼儿园"融慧·卓越"系列行动。

每年定期组织名师工作室成员和市级、区级骨干教师入园送课，举办教学园长示范课活动、"净月杯"教学评比活动，以及园长指导课集中展示活动，园长听评课，新教师汇报展示课。

2. 专业成长工程化

教研中心还启动了教师成长系列工程建设，根据教师入职时间分为初芒、灼华、熠辉三个系列工程，设定了读书、汇报课、微讲座、观察记录与分析、游戏活动设计、课程故事、弹唱跳画、环境创设、家园共育、幼小衔接、图画书讲读、班本课程建设共十二项建设内容，教师在三年内完成全部内容的验收。2023年完成了公办园120余名教师三百余项内容的验收，并整理了九本教研成果集供全区学习参考。

3. 培训讲座本土化

净月区在区内多次组织了骨干园长、骨干教师的培训活动。2023年的培训包括春秋两季面向全区幼儿园教师开展的涵盖幼小科学衔接、幼儿园游戏活动、图画书赏析、课程故事、深度学习、评估指南等内容的专项培训；新入职教师幼儿园一日生活常规、科学幼小衔接、师幼互动、幼儿行为观察等内容的培训和分享。合计培训讲座共计15个，参与培训达数千余人次。

4. 比赛评选固定化

为了调动广大教师的积极性，我区每年按时组织开展了游戏案例、课程故事、图画书讲读、幼小衔接案例等评比活动，通过评比活动促进教师知不足而奋进，望远山而立行，形成良好的学习与竞争氛围。

二、潜心打磨园本课程，助力幼小衔接工作全程开展

净月高新区公办幼儿园历经三年的时间，打造了充分结合本园实际的园本课程，"悦享成长""四季趣""幸福""三生""星"等园本课程，构建了从小班开始科学的、适宜的幼小衔接课程，遵循幼儿身心发展规律和特点，关注幼儿发展的整体性、阶段性和可持续性，促进幼儿身心全面、和谐、健康发展，为幼儿顺利、平稳地升入小学做好充分准备。通过五大领域的幼

小衔接主题活动，运用环境渗透、情感激励、体验感知、心理活动等形式，从身心准备、生活准备、社会准备、学习准备四个维度出发，帮助幼儿养成良好习惯，积累有益经验，做好入学准备。

在整个大班阶段，各园均设计了丰富多彩、有趣的幼小衔接活动，比如带领幼儿走进小学、参观小学校园、体验小学课堂与小学生活、与小学的哥哥姐姐对话、规划"课间十分钟"、竞选"班干部"等等，帮助幼儿消除面对小学的不安情绪。在每年七月的毕业季，各园着重引导幼儿感受自我的成长变化，开展"毕业啦""我要上小学"等主题教学活动，协助幼儿策划自己的毕业典礼，让幼儿为自己的成长、为升入小学感到开心和骄傲。

三、细心落实四个准备，坚持幼小衔接工作精准开展

净月区通过"衔接有据、衔接有序、衔接有法、衔接有效"的"四有"路径实施幼小科学衔接工作，做到幼小问题共研、成果共用、经验共享，实现了区域内幼小联合教研效益的最大化，推进区域内幼小衔接工作的开展。

（一）稳步落实各年龄段的实施重点

"幼小科学衔接"是一项整体的工作。首先明确各阶段的重点，然后再认真落实到各年龄段。

在小班年龄段，重点对幼儿进行生活自理能力的锻炼，培养幼儿良好的生活习惯，引导幼儿适应集体生活、喜欢集体生活，积极与同伴交往，处理与同伴间的交往关系。

在中班年龄段，重点增强幼儿的规则意识，给予幼儿充分的自主空间，引导幼儿自己制定规则并遵守规则，学会商议、合作、分配任务，更多地发挥幼儿的主动性。

在大班年龄段，注重激发幼儿的学习兴趣，发展幼儿的学习能力，关注幼儿的学习品质，帮助幼儿建立好的学习习惯，培养幼儿坚持、专注、独立思考、喜欢探究的良好意志品质。

（二）有机渗透保育教育的全过程

1. 身心准备方面

幼儿园通过"我要上小学""走进小学""红领巾""幼小大不同"等主题教育活动帮助幼儿初步了解小学，建立对小学生活的向往，对幼儿担忧的入学问题予以正确疏导；通过图画书阅读、情景模拟游戏、师生茶话会等活动引导幼儿正确地表达情绪，并能自主调控情绪；通过体育游戏，鼓励幼儿积极参加体育活动，乐于锻炼。在体操、器械运动、自然因素锻炼等活动中增强平衡、灵敏、协调、力量、耐力等身体素质，提高适应环境的能力；在自由、自主的游戏活动中，发展想象力、创造力和交往合作能力，获得情感与个性的健康发展。在发展大肌肉动作的同时注重精细动作的锻炼，为幼儿投放画笔、剪刀、小型积塑等工具和材料，支持幼儿进行画、剪、折、撕、粘、拼等各种活动，锻炼手部小肌肉动作。

2. 生活准备方面

幼儿园日常要求幼儿早睡早起，按时入园，放假期间，家长也要保证幼儿的作息与在园时一致，通过三年的时间，帮助幼儿养成规律作息。在生活活动环节，通过"我是值日生""生活技能大比拼"等活动帮助幼儿养成良好的卫生习惯，逐步加强幼儿的生活自理能力。幼儿园每周开展安全教育主题活动，每季度开展突发事件演练，针对幼儿的危险行为开展教育活动，帮助幼儿掌握安全知识，学会保护自己。通过种植蔬菜、收割谷物、研磨豆子等农务活动，晒秋、腌菜等食育课程，"小小帮厨""我来整理房间"等家务劳动，让幼儿承担适当的劳动任务，形成健康、文明、积极、乐观的生活态度，在集体生活中愉快、健康地成长。

3. 社会准备方面

幼儿园通过"大手拉小手""社团艺术节"等大型集体活动扩展幼儿的交往范围；通过区角活动，引导幼儿学会和同伴交往、合作，恰当地处理同伴间的矛盾，和教师交流自己的想法和需求；通过制定"班级公约""区角规则"等活动由幼儿主导制定集体规则，并自觉遵守；通过让幼儿自己准备书包的活动以及向家长传达老师的话——"我是通讯员"等活动，强化幼儿的任务意识，培养幼儿独立完成任务的能力；通过班徽征集、班级口号制定、年组球赛等活动，培养幼儿的集体荣誉感；通过"参观城市规划馆""冰雪吉林""红红火火中国年"等活动激发幼儿爱家乡、爱祖国的情感。

4. 学习准备方面

幼儿园在教学活动环节，引导幼儿自主学习、乐于倾听、勇敢表达，呵护幼儿的好奇心，尊重幼儿好问的天性，基于幼儿的兴趣点开展班本课程，让幼儿成为学习的主体。通过"策划班级活动""制定假期计划"等活动支持幼儿主动探究、独立思考；通过"儿童电台""奇妙故事会""读书日"等活动培养幼儿阅读的兴趣和习惯；通过"逛菜场""春游"等社会实践活动为幼儿提供广泛接触自然和社会的机会；通过观察记录、调查记录、儿童画等多种形式帮助幼儿做好书写准备。在讨论、阅读、听赏、制作、表演、实地参观、搜集信息等活动中，引导幼儿主动探索和体验，发展认知能力，形成积极的生活态度。

四、悉心引领区域园所，推动幼小衔接工作全面开展

净月区充分借助"一优一带"教育教学联盟的力量开展区域全覆盖的幼小衔接工作，以公办幼儿园带动民办幼儿园组建区域发展联盟，充分发挥优质教育资源的示范、辐射作用，带动联盟所有幼儿园的共同发展。补短板、强弱项、固底板、扬优势，运用新思维、新手段去解决新问题，将以往传统的帮扶模式转变为共建共生的新模式，实现区域内发展共赢，整体提升学前教育质量，不断实现创新突破。"一优一带"联盟在联合教研活动中实现资源共享、教研互通、研训联动、质量同进，初步形成园际间优质均衡发展的格局。

五、耐心引导幼儿家长，共建幼小衔接工作全新样态

（一）宣传普及幼小衔接的科学知识，缓解家长焦虑

净月区各幼儿园与小学、长春市家庭教育指导中心、净月区妇联等多部门联合开展面向家长的幼小衔接专题宣传，通过班级微信群、微信公众平台、家长专栏等多种渠道加强宣传引导，传播正确的幼小衔接价值取向，帮助家长理解幼小衔接的重要意义，掌握科学育儿的有效方法，为幼儿创设轻松愉快、积极向上的成长环境，营造良好的教育生态。

（二）指导家长教育方法，合力做好入学准备

净月区各幼儿园指导家长在家庭教育中引导幼儿合理锻炼，恰当地表达和调控情绪，帮助幼儿做好身心准备；引导幼儿乐于劳动，在家中承担力所能及的家务，照顾自己，保护自己，逐步学会为自己整理房间、整理书包，保持与幼儿园同步的作息时间，帮助幼儿做好生活准备；拓展幼儿的生活空间，丰富幼儿的社会实践活动，帮助幼儿做好社会准备；坚持亲子阅读，在家庭中为幼儿建立图书角，积极参与幼儿园的亲子活动，帮助幼儿做好学习准备。

（三）组织开展活动，助力家庭亲子关系

净月区各幼儿园开展丰富多彩的亲子活动，助力家庭教育中入学准备教育的实施。如幼儿园的"六个一"暑假任务——做一份暑假计划，每天阅读一本书，每天完成一项家务劳动，每天至少锻炼一小时，写一本暑假"日记"，进行一次旅行。在发展幼儿前阅读、前识字和前书写能力的同时，也锻炼幼儿的叙事、记录的能力和时间观念，让幼儿的学习不间断，杜绝寒暑假"1+1 < 2"的现象。

六、虚心联谊小学教师，探索幼小衔接工作优质路径

（一）"五个一行动"全面落实双向衔接

净月区组织区域内 60 余所幼儿园与 10 余所学校联合开展幼小衔接"五个一"行动，即"领导一对话""教师一教研""幼儿一牵手""班级一结对""家长一参与"，扎实推进幼儿园与小学联合教研。每学期初，幼儿园与学校领导共同商议制定本学期幼小衔接工作计划，确定各项活动具体日程安排。每年五月份，2000 余名大班师生走进小学，幼儿与一年级小学生互动，幼

儿所在班级与小学生所在班级结对，幼儿园教师与小学教师针对入学准备与入学适应两方面的情况开展教研活动。同时，幼儿园与小学联合组织多种形式的"幼小衔接"专题家长宣传活动，例如家长会、专家讲座、家长座谈会，以及通过微信公众平台推送幼小衔接科学知识等。

（二）体能辅导活动重点推动双向衔接

净月区以"尊重孩子的年龄特点、发展规律及幼儿身心发展需要"为研究的基本原则，以"如何解决幼儿园与小学的体能衔接问题，促进幼儿健康、快乐地成长"为研究重点。由净月区教育科研中心牵头组织 12 所幼儿园与 12 所学校结对，每月开展体能辅导活动，千余名师幼参加到活动中。净月区积极为各园所创造条件，坚持面向全体幼儿，针对幼儿身心发展特点，从区域实际出发，通过专业的体能培训、丰富多彩的体能实践活动以及集体教研等形式，使幼小衔接工作科学、规范、有序、有效、常态开展，进而促进幼儿身体发育和机能发展形成良好状态。增强幼儿园体能活动与小学体育学科的科学衔接，做好幼儿入学身心准备；培养幼儿具有健康的体魄和良好的适应能力；培养幼儿具有一定的平衡能力，动作协调、灵敏，具有一定的力量和耐力；培养幼儿具备基本的安全知识和自我保护能力。

回首来时路，轻舟已过万重山；展望新征程，路漫漫亦灿灿。净月学前人的涓涓细流将汇聚成潺潺小溪，滋润孩子们健康成长；净月学前人的萤光将汇聚成星星之火，点亮孩子们前行之路。净月学前人将携手孩子们共赴锦程，为净月教育贡献智慧和力量，也为长春教育贡献净月智慧和力量。

（长春净月高新技术产业开发区教育科研中心 刘甜甜 袁晓玲）

幼小衔接促成长 双向奔赴助未来

从幼儿园到小学是孩子成长过程中的必经阶段，科学全面的做好入学准备教育，确保幼儿有一个良好的学校生活开端，对其后继学习和终身发展具有重要意义。《幼儿园教育指导纲要（试行）》指出，幼儿园教育要与小学教育相互衔接；《幼儿园工作规程》中也明确指出，幼儿园教育应和小学密切联系，互相配合，注意两个阶段教育的相互衔接。由此可见，幼小衔接是幼儿教育阶段的第一个重要过渡环节，一直以来都受到幼儿园、家长和学校的关注和重视。如何科学有效地实施衔接，做到既有连续性，又有阶段性，使幼儿园教育和小学教育成为一个系统的整体，是幼儿园、家长和学校三方协同合作、共同努力的目标。

东师附幼根据《3~6岁儿童学习与发展指南》，依据"三性并茂、以人为本"的办园理念，不断深化我园"小绅士、小淑女"培养质量的探究，旨在培养东师附幼不一样的孩子，使幼儿形成受益终生的良好行为习惯和方式习惯，促进幼儿的身心健康发展，为幼儿的未来奠定坚实的基础。幼小衔接在理论研究的基础上，我园结合身体健康、社会交往、学习发展三大方面，从整洁、专注、兴趣、探究、言语交往、致意性问候等十五个维度深入开展实践探索，总结出一套行之有效的养成教育方法，形成了课程目标体系和多元立体化的课程模式。

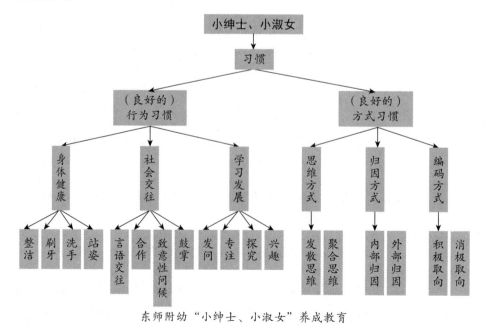

东师附幼"小绅士、小淑女"养成教育

一、明确"幼小衔接"的意义

幼儿园教育与小学教育的区别在哪里？怎样做到既能有效衔接又避免小学化呢？在《3~6岁儿童学习与发展指南》中指出，要充分尊重和保护幼儿的好奇心和学习兴趣，帮助幼儿逐步养成积极主动、认真专注、不怕困难、敢于探究和尝试、乐于想象和创造等良好学习品质，强调幼儿教育是启蒙教育，不单是知识的传授，更是良好品质、行为能力和身体素质的全面培养。幼儿园教育为小学教育奠定基础，以游戏为主要活动形式，注重内容的综合性、趣味性，寓教于乐；而小学教育是以学科教育为主，要求学生理解和掌握一定的知识和技能。二者在教育目的、学习形式上都存在一定的差异。幼儿园要科学合理制定活动内容和方式，与小学共同进行双向的合作，才能真正解决幼儿入学后普遍存在的问题和家长的困惑。

二、建立"幼小衔接"的课程体系

东师附幼尊重幼儿身心发展特点，通过一日生活、主题活动、区角活动、社会实践活动等，多途径实施开展幼小有效衔接的活动方案，将"幼小衔接"工作真正落到实处。

围绕"小绅士、小淑女"养成教育的核心，明确课程体系的总目标就是要保护幼儿好奇的天性，鼓励幼儿创造的精神，发展幼儿独特的个性，丰富幼儿创造的体验，培养幼儿探究的心性，奠基幼儿创造的能力。在实践中，将课程体系总目标与五大领域目标有机融合，挖掘其内在联系，并将每一条领域目标细化为月目标、周目标乃至活动目标。开展创意建构节、"我参与、我探索、我创造"科技节、风筝节、种植养殖活动、中秋灯笼节、亲子创意时装秀、传统故事与经典故事表演、毕业季等丰富多彩的系列活动，以激发儿童内在学习动机，潜移默化地为幼儿的终身学习奠定良好的基础。

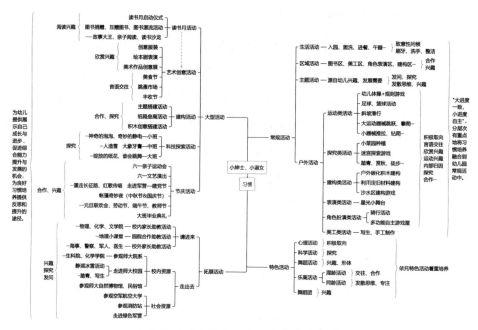

东师附幼"小绅士、小淑女"养成教育

三、实施"幼小衔接"方案

（一）潜心教研，赋能成长，做有准备的前行者

建立"幼小衔接"机制，教师首先明确育人思想，深度学习，领会《3~6岁儿童学习与发展指南》；与附属小学建立教研共同体，双向交流；在园长的引领下，每周积极开展"小绅士、小淑女"培养质量教研工作会，经过实践—反思—分享—研讨—再实践，实施幼小衔接活动内容。教师们精心准备，言传身教；耐心教育，循循善诱；细心观察，尊重差异；全心培养，因材施教。

注重为幼儿打造自由平等、和谐开放的环境，给予教师和儿童更多的发展空间和机会，不断完成教师由传统的知识传授者向现代的学习引导者转变。在教育教学过程中，教师倡导注重过程的探究教育，重视对儿童的引导和启发，善于激发儿童基于兴趣的内生动力，不断增强儿童的创新能力，努力培养儿童的好奇心和求知欲，鼓励儿童主动思考、发现并提出问题，注重儿童道德品格培养，努力培养儿童追求卓越的人生品格。

（二）趣享童年，立足生活，"小绅士、小淑女"共成长

幼儿生活以横向和纵向为交织，全面立体地开展各项活动。我们着眼于从

心理上产生对学校生活的向往，消除对新老师、新同学、新环境的陌生感，对学习是否能跟得上的恐惧感，以及怕交不到好朋友的担心。通过科学有效的方法，着力培养幼儿良好的学习习惯和生活能力，形成社会心理方面的过渡、学习习惯的过渡、生活能力的过渡、行为习惯的过渡、身体素质的过渡及家园共同合作。

社会心理的干预疏导：幼小衔接中，最为关注的是幼儿心理情绪的变化。我园在大班开设心理课程，同时渗透社会情感的学习，培养幼儿有效的自我调节情绪情感，建立快乐自信、乐于交往的性格品质。

乐高游戏的创意开展，培养幼儿的专注力和创造力。开展《有趣的思维游戏》《寻找解决办法》《我是小侦探》《小小日记本》，养成每天记录的好习惯，并将自己记录的内容讲述给家人听，锻炼孩子们的前书写能力，培养语言表达能力。

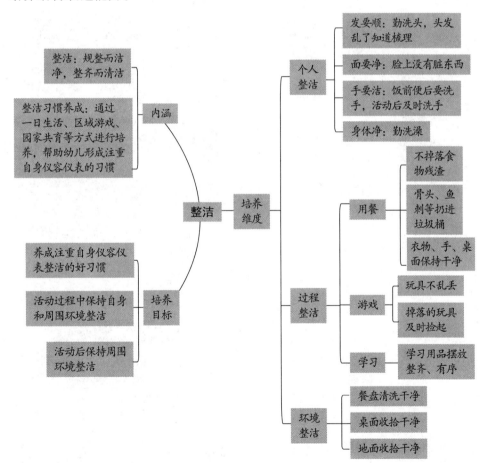

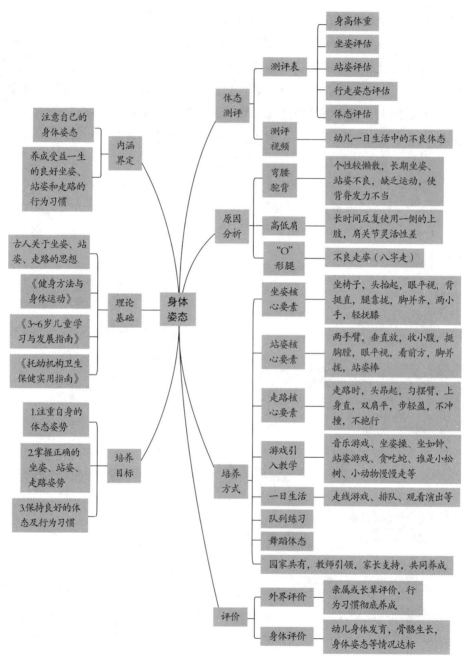

东师附幼"小绅士、小淑女"培养计划（节选）

生活习惯的养成：为了更好地做到衔接，从早晨幼儿自主入园、自己整理物品、每天的小任务等，培养孩子独立意识。为了适应小学的生活节奏，开展"我是生活小能手""课间十分钟做什么""整理我的小书包""早晨快节奏""干净的小书桌"等生活能力的培养。

行为习惯、社会交往的养成：常规活动中开展"光盘行动""我会守规则""环保小卫士""文明礼仪小卫士""合作最快乐""互相谦让"等系列活动，建立规则意识和友好相处的社会交往能力。

身体素质的提高：通过各种游戏锻炼幼儿的运动能力，提高身体素质。例如"我们去远足""好玩的跳绳""小小兵系列演习""渡过独木桥""小篮球运动""小足球运动"等体育活动，提升幼儿的跑、跳、平衡、钻爬等运动技能和技巧，为上学打下坚实的身体素质。

（三）乐享附幼，异彩纷呈，促幼儿全面发展

以幼儿园一日活动中的生活、游戏环节、主题活动、环境创设等为衔接手段，将幼小衔接课程目标落实在大班教育教学活动中，不断总结形成课程的实施方法与案例，通过有针对性的课程目标，有效减缓幼小衔接的坡度。

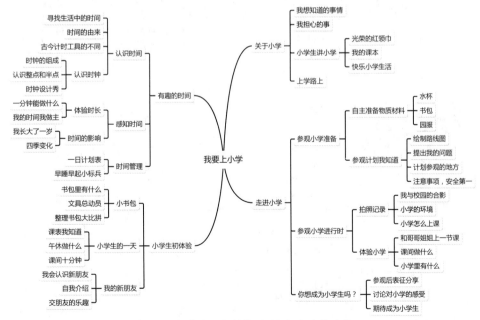

东师附幼"幼小衔接"主题活动（节选）

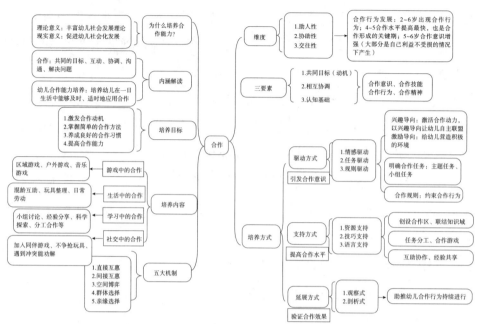

东师附幼"幼小衔接"主题活动（节选）

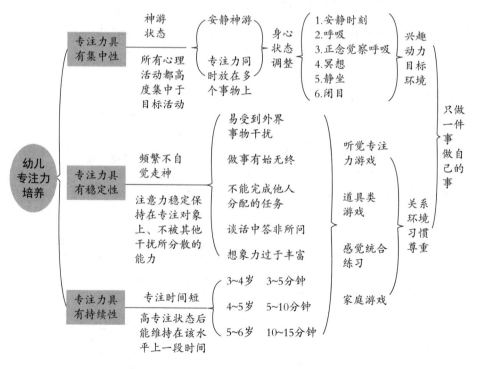

东师附幼"小绅士、小淑女"养成教育（节选）

良好的专注力、观察力和思维能力是孩子今后学习的有力保障，开展"和瓢虫一起玩""会升降的温度计"等主题活动，幼儿在操作、探索、观察和讨论中学习习惯逐渐养成。活动中幼儿通过小组协商、同伴师幼合作中体验合作的乐趣，感受交往的意义。

（四）家园校多育并举，助力幼儿成长

召开《幼小协同，科学衔接》家园促成长专题家长会，邀请东师附小的首席教师、优秀辅导员及大班组组长为家长解惑答疑；开展幼小衔接家长座谈会，帮助家长掌握科学的"幼小衔接"方法，达到家园教育目的的共识，实现"双通"的桥梁；开展"哥哥姐姐讲小学"实践活动，邀请幼儿园毕业生为弟弟妹妹讲解小学，大班幼儿更加清楚地了解小学的学习环境、作息时间、小学丰富的活动，充满了对小学生活的向往；开展"小学我来了"活动，参观小学是与小学顺利衔接最直观有效的途径，我们走进东师附小、解放大路小学、曙光路小学，满足孩子们的好奇心和对小学生活的探究愿望，更全面直观地了解小学，以积极的心态迎接未来的小学生活。

东师附幼秉承"培养不一样的孩子"为目标，着眼于促进幼儿身心全面和谐发展，为孩子们"幼小衔接"的学习生活保驾护航，为幼儿更好更快地融入小学生活打下坚实基础。

（东北师范大学附属幼儿园　罗晓娜）

衔接有度　相伴成长

为深入贯彻落实国家、省、市关于幼儿园与小学科学衔接的文件要求和工作部署，长春市宽城区教育实验幼儿园统筹谋划，制定方案，与小学科学衔接，结合学前教育"一优一带"发展协作体、学前教育管理改革教育实验"大园区"两大载体，通过"五层护航、幼小协同、家园共育、深度研修"四维措施，坚持"顺、稳、快、实"四步走，纵深推进幼小科学衔接工作。

一、五层护航，让衔接走得顺

（一）制度护航

幼儿园依据《长春市宽城区推进幼儿园与小学科学衔接攻坚行动实施方案》《长春市宽城区推进幼儿园与小学联合教研实施方案》等相关文件精神，制定《长春市宽城区教育实验幼儿园幼小衔接联合教研方案》，签订《长春市宽城区幼小衔接联合教研协议书》，建立幼小科学衔接的长效协同机制，深入推进幼小科学衔接工作。

（二）行政护航

幼儿园以"培生命之根，育健康儿童"为办园理念，以"用爱让每一个生命都绽放精彩"为办园宗旨，建立幼小衔接领导小组，抓牢"行政推动、教科研引领、家园校一体"三个关键点，幼儿园领导班子亲自制定方案策略和多项措施，采取幼小衔接"零起点"，优化游戏化教学方式，为幼儿搭建衔接"缓坡"。

（三）联动护航

幼儿园与长春市宽城区天津路小学、长春市宽城区浙江路小学建立科学衔接共同体，通过园校双方联动，互相了解教学方式、课程设置、个体特点等差异，共同研讨在入学准备和入学适应实践中的突出问题，双向学习中确定衔接平衡点，达成"理念、策略、资源、行动"四方衔接，从顶层至基层有序推进。

（四）资源护航

建立优质资源库，设置幼小衔接交流群、各项工作群、家长群，以"一优一带""大园区"两大载体，通过"线上+线下"交流、联合教研、师资培训、多形式活动开展等，促进优质资源交流共享，形成同研互融、共同研讨的良好氛围。

（五）措施护航

幼儿园与小学同心协力、科学助力，双方"多方面、多角度"交流探讨幼儿入学准备的策略和方法，从"思想方面、身心方面、教学内容、学习方式、家长观念"方面努力做到"五衔接"，将入学准备教育有机渗透于幼儿园保育教育工作的全过程。

二、幼小协同，让衔接走得稳

（一）走进小学

长春市宽城区教育实验幼儿园常态化开展"赴成长之约，启追梦之旅"幼小衔接活动，组织全体中大班小朋友走出幼儿园，到长春市宽城区天津路小学参加升国旗等系列活动。

1.把升旗仪式作为爱国主义教育和幼小衔接的第一堂课。幼儿园的孩子们和天津路小学的小学生们，一起升国旗，一起唱国歌，一起行注目礼，听小学生们在国旗下的讲话，观看小学生们的朗诵表演，感受升旗仪式的庄严。

2.孩子们走进向往已久的小学教室，了解小学班级的课堂环境，坐在小学课桌椅上，观察小学老师与小学生的双向互动，更加直观深刻地体验小学课堂。

3.通过"才艺展示、互动交流、手拉手"等活动，和小哥哥、小姐姐近距离接触，更加激发了孩子们想要成为一名光荣小学生的迫切愿望。

4.踏进小学校园，万里长城墙雕、变形金刚机器人、孔子与学徒的雕像……学校一切的事物深深吸引着孩子们的目光，孩子们用心感受着小学的新奇与有趣，用心在寻找小学与幼儿园的不同之处。孩子们通过亲眼观察、亲耳聆听、亲身体验，近距离了解小学的学习生活，感受到了小学校园生活的无限魅力。

5.幼儿园中大班孩子们准时参加宽城区天津路小学春季、秋季运动会开幕式，观看小学生们身着整齐服饰，迈着铿锵有力的步伐依次入场亮相，感受小学生们朝气蓬勃、奋发有为的少年风采，孩子们不由自主地向哥哥姐姐们挥动手中的小旗，发出阵阵热烈的掌声，激发幼儿对小学生活的向往。

（二）联合教研

长春市宽城区教育实验幼儿园刘园长、孙园长亲自带领全体老师，到天津路小学参加教育实验幼儿园与天津路小学教师关于幼小衔接学习交流活动。天津路小学语文组姜老师做了"幼小衔接向前走"专题讲座，进一步明确"为什么衔接、如何衔接、怎样科学衔接"的核心问题。幼儿园教师们认真聆听，与姜老师实时互动，学习热情高涨，学习收获丰富。同时，结合看书姿势、前书写准备等学习习惯的养成进行了交流和探讨。

三、家园共育，让衔接走得快

（一）转变家长观念

家长教育理念的转变是幼小衔接工作成功的关键之一。通过家长会、家园座谈会、家长开放日、微视频互动、参与指导等多种形式，建构家园联盟，转变家长的教育思想，促进家园、教师、家长多方合力，让入学准备教育落细、落实。

1.结合幼儿园特色课程，以绘本阅读为载体，通过"亲子阅读相伴成长"开设"21天养成好习惯"主题活动，引发幼儿对书籍、阅读和文字符号的兴趣，携手家长做好入学准备。

2.通过"'幼'见新学期，携手向未来"初期家长会、"情满中秋，喜迎国庆"家长开放日等活动，引导家长充分理解和尊重幼儿学习方式和特点，引导家长从身心、生活、社会、学习四大方面做好幼小衔接工作。

3.结合"五一劳动大作战"、"慧"整理的小达人等活动，指导家长通过早着手、多鼓励、勤动手、多坚持等方法，引导家长在做具体事务中最大限度发挥"入学准备期"完成效果。

（二）吸纳家长力量

幼儿园以中国传统文化形式开展的"开笔启智，礼润童心"大班毕业典礼活动，在宽城区天津路小学礼堂隆重举行，活动特别邀请长春市宽城区天津路小学校长、长春市宽城区教育实验片大园区的各位园长前来观摩活动。与家长共同见证孩子们第一个充满仪式感、最特别而有纪念意义的毕业典礼，组织家长积极参与毕业典礼活动，即协助组织、搬运道具、代表发言、参与表演等。同时，让孩子们感恩毕业、感谢成长，为成为一名小学生而高兴，为即将离开幼儿园而依依不舍。

四、深度研修，让衔接走得实

（一）科研引领，助力成长

以园本研修为载体，构建多元化教师成长平台，通过自主学习自我成长、集体学习共同提高、创造机会外出培训、教学比武锤炼教师，提高教师的专业素养。积极开展"一优一带"教育联盟、"大园区"片区网上交流、教研活动、参观学习，汇聚片区优质资源和要素，搭建平台，相互交流，分享幼小衔接典型经验做法，将幼小衔接工作高效落实。

（二）研培先行，多元跟进

加大研训力度，通过"区—园—校"三级研训，进一步明确"为什么衔接、如何衔接、怎样科学衔接"的核心问题，通过"一日生活、课程衔接、主题开展"三面着力，真正理解"坚持以儿童为本"的内涵所在。结对园校从"微小问题"入手，变单方用力为双向发力，有效提升教师的衔接理念和专业能力。

（三）课程先融，精准施策

幼儿园认真学习《幼儿园入学准备教育指导要点》，从身心、生活、社会、学习四大方面找到若干个"微课程"进行深度研究，结合"党建引领＋红色教育＋传统节日＋主题活动＋幼儿游戏"，引导幼儿"玩中学、做中学、生活中学"，通过直接感知、动手操作、亲身体验获取入学准备经验，让知识游戏化、学习兴趣持续化、习惯养成及时化，帮助幼儿顺利实现从幼儿园到小学的过渡。

幼儿园关注每一名幼儿发展，以"爱心、耐心、细心"为指导桥梁，结合幼儿特点和实际需求，继续通过"一日生活、课程衔接、主题开展"

三面着力，采取灵活多样的幼小衔接教育方法，注重身心准备、生活准备、社会准备和学习准备几方面的有机融合和渗透，为幼小衔接的顺利过渡保驾护航。相信不久的将来，孩子们一定能迈着自信、从容的步伐进入小学，开始新生活。幼小科学衔接，我们一直在行动……

（长春市宽城区教育实验幼儿园　孙如）

衔接得宜　助力有方

幼小衔接工作是教育转型的国家战略奠基工程，自国务院《关于当前发展学前教育的若干意见》颁布后，学前教育迎来了辉煌的十年，令人振奋的十年，而我们这些幼教工作者就是这十年的见证者、亲历者和参与者。十几年间，学前教育宣传月曾两次以幼小衔接为主题大力宣传，之后更是出台了《关于大力推进幼儿园与小学科学衔接的指导意见》，我们认真学习和深入思考"坚持儿童立场，科学做好幼小衔接"的内涵和深意，反复研读《幼儿园入学准备教育指导意见》《幼儿园与小学科学衔接联合教研实施方案》等纲领性、指导性的文件，为我园幼小衔接工作的深入推进，打造专业性教师团队奠定了良好的理论基础。我们本着"实践中完善，探索中提升"的原则，坚持"儿童立场"，遵循儿童身心发展规律，促进幼儿身心健康成长和德智体美劳全面发展。

一、谋划脉络，教研同体助力双向衔接

随着纲领性文件的深入学习，幼小衔接培训的不断冲击，我们厘清了幼小衔接不仅仅是幼升小时间点的衔接，还是从包办到领跑的衔接，是从自主自由到规矩有序的衔接。

通过家长问卷调查、家长访谈等活动，理性分析我们的教育，无论任何时候，都是建立在尊重儿童生理、脑发育，以及心理发展的基础上实施的教育，真正实现儿童由"我"向"我们"的赋能转变。我们建立了由园长

牵头的幼小衔接攻坚行动领导小组，成立了由党政工团联合推进的动态监管机制，形成了以副园长为统筹协调的教研团队，以教研组为单位的教研网络主体，形成了东师西湖实验学校、汽开区二实验学校的幼小衔接共同体，行政与教研协同推进，家园校共育链接的格局，聚焦"双向衔接、深度衔接、科学衔接、系统衔接"等具体内容，建强组织框架，确保幼小衔接工作有"形"开展，保障幼小衔接工作有"序"。

二、审思明辨，桥梁课程构建科学衔接

《3~6岁儿童学习与发展指南》中指出，重视幼儿的学习品质，幼儿在活动中所表现出的积极态度和良好行为倾向是终身学习与发展所必需的宝贵品质。幼小衔接最深远的意义也是要在顺应幼儿身心发展规律的基础上，为幼儿的后继学习以及终身发展奠定良好的基础，幼小衔接课程的建设，是文化积淀的过程，是多层面、多因素协同推进教育品质的过程。

（一）自我认知的常识教育

在自我认知的常识教育中，我们从自我认知、自我体验、自我调控三个模块的15个内容进行日常引导，让孩子认识到自己是世界上独一无二的。教导幼儿珍视自己的生命，爱护自己的身体，培养幼儿自制、自立、自我监督、自我激励等能力，告诉孩子们，我们要树立目标，排除干扰，并努力去实现它。要生存和发展，就必须每天都要进行自我激励，战胜困难才能实现自我。在直播间中，我们研发了《我的好朋友》《我认识你》等有趣、有得、有思的教育视频，在知识的传递中，在茶余饭后的时光里，认识了自我、丰富了生命以及生存的教育。

（二）习惯养成的健康教育

一个好的习惯，好比在银行存了一大笔存款，它的利息让人终身受益，即习惯养得好，终生受其益。在创业幼儿园教研组的共同研讨及资料查找的过程中，我们确立了习惯养成的教育内容，即四种习惯：生活、卫生、学习、礼仪习惯，两种行为：品德行为和安全行为。我们通过常规教育养成孩子们

不挑食、爱运动、整理书包、管理自己的物品、准时上幼儿园、按时入睡等生活习惯，以及讲卫生、勤节俭等卫生习惯。在学习性区角活动、集中教学活动中帮助幼儿逐步养成积极主动、认真专注、不怕困难、敢于探究和尝试、乐于想象和创造等良好学习品质和学习习惯。

（三）入学成熟的学识教育

1. 挖掘主题课程内涵，推动五大领域课程扎实开展

如果说，孩子们有一百种语言，一百种表达方式，那么主题探究真正地给孩子们提供了一百种语言、一百种表达的机会，他们的一言一行，一缕细微的思想，都能在主题活动中得以实现。健康、语言、科学、社会、艺术五大领域，促进了教师的专业化成长，满足了孩子们最大限度的求知欲望，为未来升入小学打下了坚实的基础。在小中大班推行五大领域主题活动的同时，大班幼儿逐渐进入幼儿入学成熟水平的训练，训练是由视知觉能力、听知觉能力、运动能力、知觉转换能力、数学准备能力、神经协调能力等心理发展水平与状态判断，是否达到作为小学新生应该达到的要求，让孩子顺利地开启小学学习生活。

2. 挖掘区域游戏价值的实践研究

区域活动是在幼儿园课程新理念背景下，最适合幼儿学习的形式之一，课程回归区域活动中幼儿的游戏精神，尝试以平等对话、适度开放、主动探究、愉悦体验为四个核心点对区域活动游戏化进行实践研究，培养幼儿自主探究、自由操作、勇于质疑的良好品质。

（四）入学适应的社会教育

我们围绕"做最好的自己""我心中的小学校""我的小学生活"等主题，开展入学准备以及入学适应的无缝衔接适应月，我们通过发放入学指南、模仿小学生活、非凡意义的毕业典礼等活动，帮助孩子树立了我最棒、我能行的信心；通过队列练习、课间活动、值日生工作等逐渐开启社会适应性教育，消除孩子们入学后的陌生感、拘束感。在大班的最后一个月时间里，我们逐渐缩短午睡的时间，在每节30分钟的活动后加5分钟的律动操、手指操等，

为入学后四十分钟的课时做好身心的准备，实现从幼儿园到小学的无痕过渡。

（五）幼儿深度学习背景下项目式学习活动

随着幼儿教育课程游戏化的不断深入落实，我们看到儿童立场下的教学应以课程游戏化为主旨，然而，只有将课程与游戏很好地融合，才能真正实现幼儿在课程游戏化的学习中，促进其深度学习，为入学准备提供必要的思维、学习品质的基础。经过课题负责人多次培训，组织教师开展项目式学习，历经一年的时间，形成有价值的案例共计 16 个，其中，涵盖幼儿多方面的科学知识、常识知识、学习习惯、团队合作、能力培养等，确实为幼小衔接教学策略提供有价值的资料。教师们以立体书的形式记录着孩子们的研究过程，以课程故事的内容记录着孩子们学习的路径，能够看见其中蕴含着大量入学准备的教育与很多的教育策略，非常的珍贵。

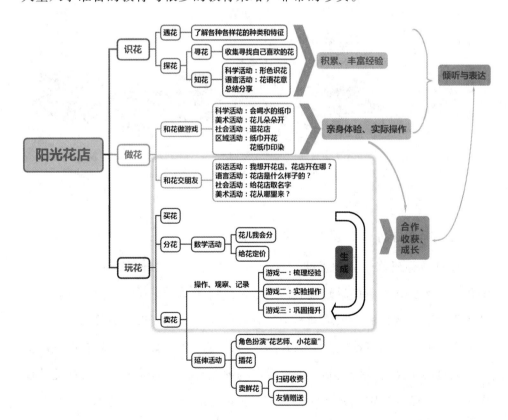

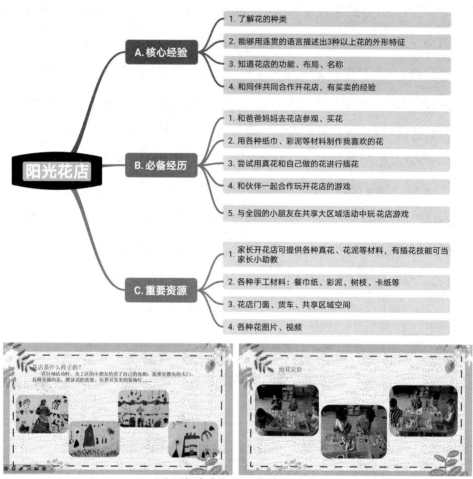

"阳光花店"项目式学习活动

三、师资培训，多元学习确保深度衔接

通过专题研修、主题教研、课程研讨等方式，引导教师树立科学衔接的理念，参加幼小衔接教研共同体的学习研讨活动，不断强化衔接的意识，开展入学准备教育的专项培训、半日开放的幼小衔接成果参观等活动，以点带面，以面连片的带动式、引领式的学习，促进全园幼小衔接教育的全面提升。通过幼小互访共研机制，促进双向沟通互动，并为幼小衔接一体化建设提供支持，鼓励教师们共同确立儿童在教育中的中心地位的基础上，相互学

习，相互交流，实现幼小衔接和小幼衔接的平衡。我们通过一系列的深入访谈、调查研究，梳理幼小衔接幼儿入学准备的困惑和难点问题，进一步挖掘幼儿教师儿童观的内涵，形成重塑幼儿教师儿童观的研修路径设计和载体创新，努力帮助教师获得"了解并理解儿童、追随并支持儿童、珍视并充实童年"的具有实质意义的儿童观。我们践行《3~6岁儿童学习与发展指南》理念，从"班级环境、教学行为、儿童表达、师幼关系"等角度，以儿童需求为支点，撬动认知能力的发生；以儿童体验为动力，提升游戏温度与深度；以儿童表达为纽带，增进多项交流与互动；以儿童评价为路径，捕捉分析发展变化。重塑多主体互动格局，实现从失衡到均衡的转变。

四、家园合力，和美协作有效系统衔接

通过幼小衔接教育的培训学习，线上、线下的交流与反馈，家长沙龙、名家做客等让家长了解国家的政策法规，主动参与到孩子入学准备教育中来。通过家长和学校学习心得、分享交流、教养日记、云课堂等家园活动，输出文章近百余篇，整理优秀有借鉴价值的文章近三十余篇，装订成册，并在汽开区家庭教育公众号发表，引导家长正确面对幼小衔接，不要盲目跟从导致超前学习的拔苗助长，彻底改变"不要输在起跑线上"的错误想法，还孩子一个快乐童年，帮助孩子们顺利地度过幼小衔接时期。

木欣欣以向荣，泉涓涓而始流。我们会在市区教研部门的引领下，充分利用区域内幼小衔接教研共同体的优势，创造条件，把握机会，让儿童有事可做、教师有内容可教，我们坚持儿童立场，让幼小衔接回归规律、回归理性、回归专业，只要我们回归教育的初心，不浮不躁、潜心研究，就一定能让幼小衔接的教育成为可生发、可生长的，富有生命张力的教育。

（长春汽车经济技术开发区创业幼儿园　丁颖）

参考文献

［1］李召存，李琳.迈向高质量教育时代的有效衔接［J］.学前教育研究，2022（05）：1-10.

［2］李海侠，庄鸿远.从问题导向到体系构建的幼小衔接课程研究——评《幼小衔接课程指引》［J］.教育理论与实践，2024，44（06）：2.

［3］王振宇.从活教育到活游戏［M］.上海：上海交通大学出版社，2020（10）：1-252.

［4］刘晓东.中国小学教育亟待战略转型——兼论"幼小衔接"应向"小幼衔接"翻转［J］.湖南师范大学教育科学学报，2019，18（3）：1-7.

［5］黄瑾，田方.论幼小衔接研究理论视域的转换——从生态系统理论到社会文化理论的研究展望［J］.中国教育学刊，2022，（04）：7-12，84.